Slikovni rječnik
bosanskoga jezika

HAZIM FAZLIĆ

YUSAMI PUBLISHING
Chicago, 2020

Author: Hazim Fazlić

Review: Emir Ramić

Editorial Manager: Minela Alić Sućeska

Design: Osman Erdić and Yusami Creative Media Team

**Predgovor za knjigu "Slikovni rječnik bosanskoga jezika"
autora dr. Hazima Fazlića**

Bosanski jezik ima svoje utemeljenje u stotinama godina historije države Bosne i Hercegovine. On je sebe kroz prošlost nazvao bosanskim i on je, primarno, jezik bošnjačkog naroda te svih onih koji Bosnu i Hercegovinu doživljavaju kao svoju domovinu. Bošnjački narod sebe legitimira sa bosanskim jezikom. Ne postoji nijedan fenomen svijesti kroz koji se bolje oslikava bošnjačka prošlost, sadašnjost i budućnost, nego što je to bosanski jezik. Naziv bosanski jezik jeste aspiracija i na državu Bosnu i Hercegovinu, jer je nastajao na bosanskohercegovačkoj zemlji. Bosanski jezik je neosporna, naučno utemeljena, historijska i kulturološka činjenica. Kao što Bošnjaci imaju pravo da svoj jezik imenuju bosanskim, tako isto bosanski jezik je bio, jeste i ostat će ključna dimenzija države Bosne i Hercegovine.

Pred nama je veoma važno djelo istaknutog intelektualca dr. Hazima Fazlića, "Slikovni rječnik bosanskoga jezika". Dr. Fazlić u izradi Slikovnog rječnika bosanskoga jezika polazi od činjenice da svako dijete bošnjačkog i bosanskohercegovačkog porijekla mora imati znanje o svom korijenu, porijeklu, identitetu, svojoj tradiciji, kulturi, jeziku svojih majki i očeva, jer su to važne predispozicije da će biti i ostati stabilna, snažna i pouzdana osoba. Autor upotrebom slike govori o bosanskom jeziku i tako djeci njihovom metodom govori istinu, da ne dozvole da bude dovedeno u pitanje ono što su njihovi preci njegovali, čuvali i očuvali odgajajući svoju djecu na bosanskom jeziku, prenoseći im vrijednosti i emanet da budu ponosni na svoju domovinu i na svoj maternji bosanski jezik.

Posebno je važno sačuvati bosanski jezik u dijaspori gdje je asimilacija građana Bosne i Hercegovine u strana društva, posebno mladih i djece, uveliko u toku. Prema nekim istraživanjima, u dijaspori više od 50 procenata jezik komunikacije nije bosanski nego su to strani jezici. Zato navedeno djelo je značajan doprinos očuvanju bosanskoga jezika u sredinama u kojima putem stranog jezika do nas dopiru sve informacije i znanja.

Autor daje doprinos očuvanju bosanskoga jezika i na taj način jačanju veze sa domovinom. Dok sam čitao rukopis razmišljao sam o potrebi svakodnevne borbe, upornosti i motivacija za očuvanje bosanskoga jezika

Šta ako izgubimo našu djecu po dalekom svijetu rasijanu, šta ako izgubimo vezu sa svojom domovinom. Bosanski jezik je dio identiteta Bošnjaka i Bosne i Hercegovine. Zapravo jezik, to smo mi. Izgubimo li ga, izgubljeni smo. On nas svrstava i obilježava. Zbog toga je od velikog je značaja za svako dijete koje odrasta i živi u dijaspori da sačuva maternji jezik i svoj indentitet.

Djelo dr. Fazlića daje odgovor najmlađima kako spoznati vrijednosti njegovanja bosanskoga jezika. Omogućuje da se mnogo više koristi bosanski jezik i tako doprinese očuvanju vlastitog identiteta. Istovremeno Slikovni rječnik je idealna prilika za poticaj učenika u istraživanju bosanskohercegovačkoga blaga i historijata bosanskoga jezika. Cilj je da kvalitetnim i kreativnim podučavanjem s raznovrsnim radionicama poboljšamo vještine komunikacije, pravilan način izražavanja, bogaćenje rječnika, jer na ovaj način utječemo na razvoj ličnosti djeteta i prevazilaženje poteškoća u učenju. Tako bosanski jezik poprima vrijednosnu ulogu, ujedno postajući sredstvo koje ojačava osjećaj pripadnosti i zajedništva. Čitanjem i učenjem Slikovnog rječnika djeca stječu samopouzdanje i šire znanja.

Preporučujem štampanje ovog rječnika. Ohrabrujem autora da nastavi značajan rad na polju bosanskoga jezika. Posebno se obraćam bošnjačkim i bosanskohercegovačkim organizacijama i zajednicama da nabave rječnik, podjele ga djeci i upotrebljavaju u procesu učenja i školama bosanskog jezika.

Dr. Emir Ramić
Hamilton, Kanada
30. 08. 2020.

Hana Brkić (1) (2)

(3) Ulica: Drinska 6 (4) (5)   10B (6)   71000 Sarajevo (9) (7)

Bosna i Hercegovina (8)

Tel. +387 33 222 111 (11) (10)

(12) Mob. +386 61 111 222

(13) Email: hanabrkic@ilovebosnian.com

Datum rođenja: 02/02/2002 (14)
Mjesto rođenja: Sarajevo, BiH (15)

1. Ime	5. Broj ulice	9. Poštanski broj	13. Email adresa
2. Prezime	6. Broj stana	10. Pozivni broj	14. Datum rođenja
3. Adresa	7. Grad	11. Broj telefona	15. Mjesto rođenja
4. Ulica	8. Država	12. Broj mobitela	

Kako se zoveš?

Ja se zovem_______________

Kako ti je ime?

Moje ime je _______________

Tvoju adresu, molim?

Moja adresa je _______________

Moj broj telefona je_______________

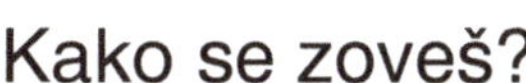

1. Dijete
2. Sin
3. Kćerka
4. Otac
5. Majka
6. Nena/Nana/Baka
7. Djed
8. Čovjek
9. Žena
10. Starac
11. Starica
12. Mladić
13. Djevojka
14. Dječak
15. Djevojčica

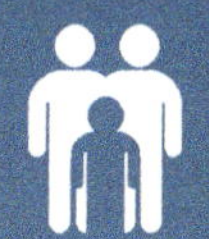

OVO JE

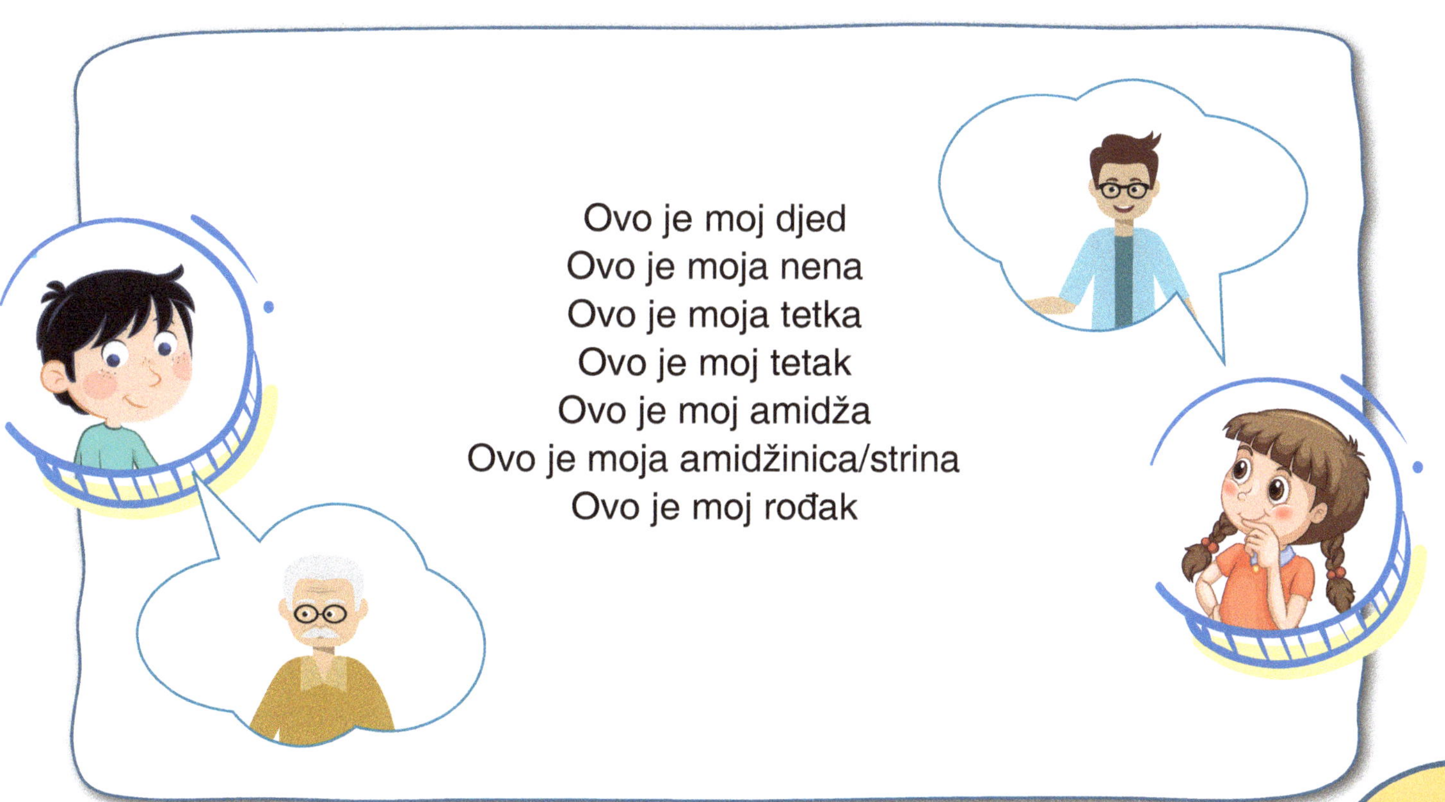

Ovo je moj djed
Ovo je moja nena
Ovo je moja tetka
Ovo je moj tetak
Ovo je moj amidža
Ovo je moja amidžinica/strina
Ovo je moj rođak

Ko je ovo?

Ovo je moj otac.

Kako se on zove?

On se zove

____

Ko je ovo?

Ovo je moja mama.

Kako se ona zove?

Ona se zove

____

A ko je ovo?

Ovo je moja sestra?

Kako se ona zove?

Ona se zove

____

Nabroj članove svoje porodice?

____

____

____

____

1. Ja   2. Ti   3. On   4. Mi   5. Vi   6. Oni

Ja volim   Ti voliš   On voli
Mi volimo   Vi volite   Oni vole

Navedi glagol <u>raditi</u>

Ja radim   Mi ___________

Ti ___________   Vi ___________

On ___________   Oni ___________

1. Ja sam _______________________________
2. _______________________________ , drago mi je.
3. Da te upoznam sa_______________________
4. Ovo je moj prijatelj.
5. On se zove_____________________________.
6. Ovo je moja drugarica.
7. Njeno ime je___________________________
8. Da Vas (te) pitam_______________________
9. Kako se zove___________________________

10. Ne razumijem
11. Možete li to ponoviti?
12. Razumijem
13. Hvala
14. Oprostite
15. Mogu li razgovarati sa_____________?
16. Naravno.
17. Žao mi je, nije tu.

1. Zdravo
2. Dobar dan
3. Dobro jutro
4. Dobro veče
5. Kako ste?
6. Šta radiš?
7. Šta ima?
8. Vidimo se
9. Doviđenja
10. Laku noć

1. Učitelj/učiteljica
2. Učenik
3. Sto
4. Stolica
5. Klupa
6. Kompjuter
7. Tabla
8. Kreda
9. Sat
10. Karta
11. Globus
12. Polica
13. Knjige
14. Zid
15. Prozor
16. Vrata

Gdje se nalazi učiteljica?
Učiteljica se nalazi

____

Gdje je klupa?
Klupa je kod

____

Gdje se nalazi tabla?
Tabla je na ___________

1. Olovka
2. Hemijska olovka
3. Gumica
4. Udžbenik
5. Radna sveska
6. Lenjir
7. Digitron
8. Tastatura
9. Monitor
10. Miš
11. Printer

1. Dobar dan
2. Dobro jutro
3. Ja sam novi učitelj
4. Ja sam nova učiteljica
5. Otvori svoju knjigu
6. Zatvori knjigu
7. Napiši rečenicu
8. Ustani
9. Sjedi
10. Napiši na tabli
11. Podigni ruku
12. Postavi pitanje
13. Uradi domaću zadaću

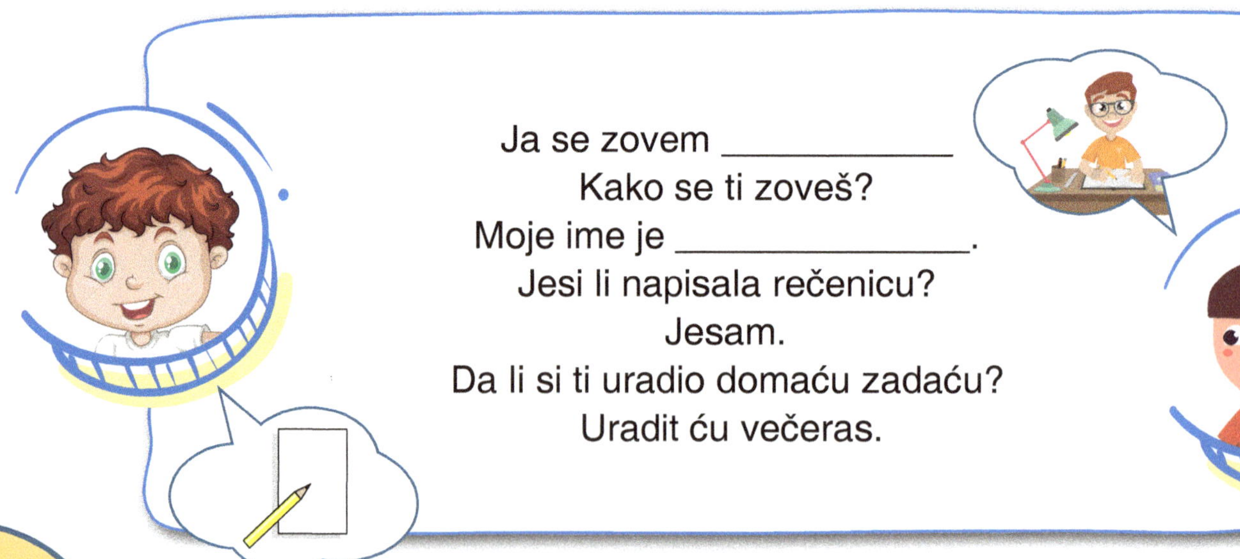

Dan

Noć

Večer

Jutro

Rano

Podne

Poslijepodne

Izlazak sunca

Zenit

Zalazak sunca

Kasno

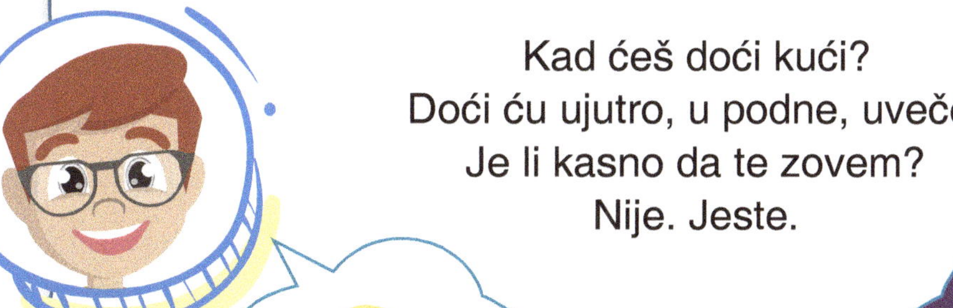

VRIJEME

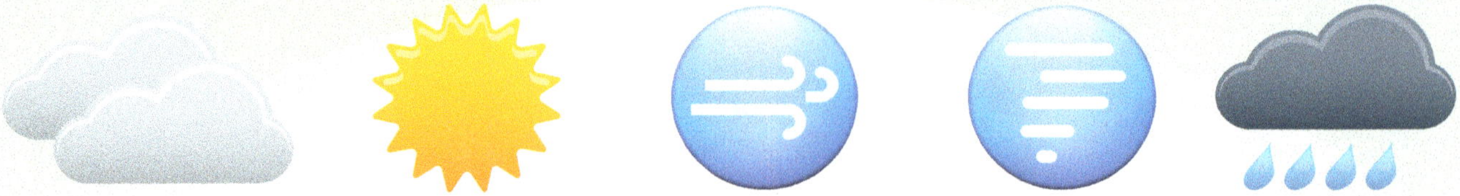

Oblačno | Vedro | Vjetrovito | Sparina | Kiša

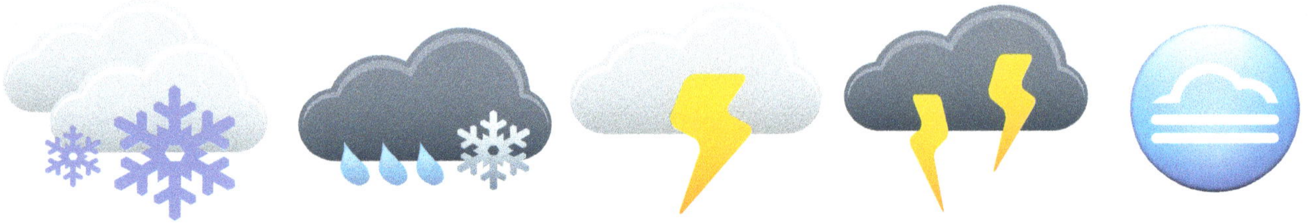

Snijeg | Led / Grad | Grmi | Sijeva | Magla / maglovito

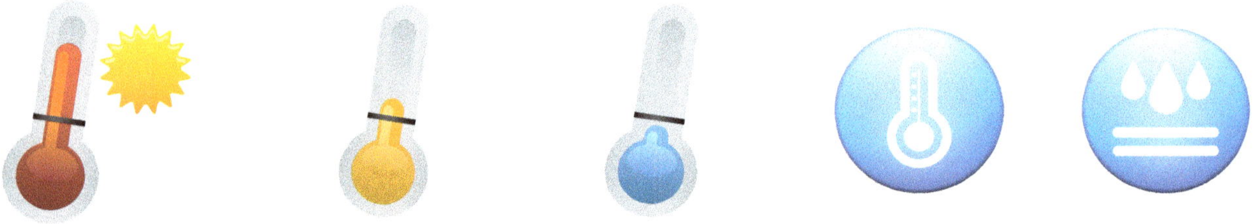

Toplotni udar | Termometar | Hladno | Celzij | Klizavo

Kako je vrijeme napolju?
Toplo.
Kolika je temperatura?
24 Celzija.
Kad će kiša?
Kiša već pada napolju.
Pada li snijeg?
Još ne.

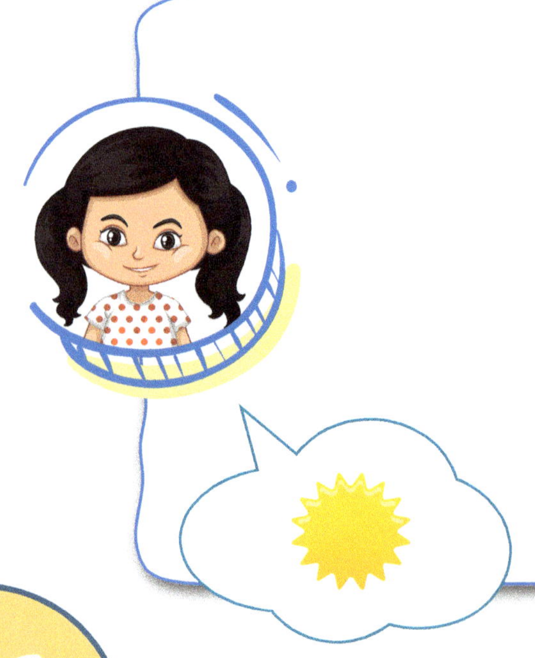

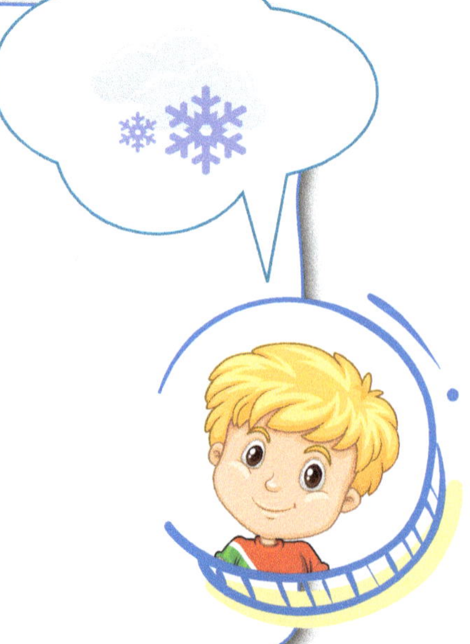

1. Danas
2. Sutra
3. Juče
4. Prekjuče
5. Prekosutra
6. Jutros
7. Sinoć
8. Noćas
9. Juče ujutro
10. Sutra ujutro
11. Sutra naveče
12. Prošle sedmice
13. Ove sedmice
14. Sljedeće sedmice
15. Sedmično
16. Mjesečno
17. Godišnje
18. Svaki dan
19. Svaku noć
20. Danju
21. Noću

22. Proljeće

23. Ljeto

24. Jesen

25. Zima

Dani u sedmici		Mjeseci u godini			
1.	Ponedjeljak	1.	Januar	7.	Juli
2.	Utorak	2.	Februar	8.	August
3.	Srijeda	3.	Mart	9.	Septembar
4.	Četvrtak	4.	April	10.	Oktobar
5.	Petak	5.	Maj	11.	Novembar
6.	Subota	6.	Juni	12.	Decembar
7.	Nedjelja				

Koji je danas dan?
Ponedjeljak.
Koji je danas datum?
23 septembar.
Kad ćete doći?
Doći ćemo za vikend.

| Nula | Jedan | Dva | Tri | Četiri |

| Pet | Šest | Sedam | Osam | Devet |

| **10** Deset | **11** Jedan(a)est | **12** Dvan(a)est | **13** Trin(a)est | **14** Četrn(a)est |

| **15** Petn(a)est | **16** Šesn(a)est | **17** Sedamn(a)est | **18** Osamn(a)est | **19** Devetn(a)est |

BROJEVI

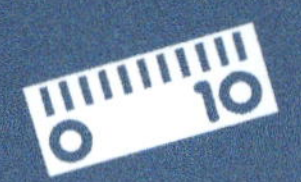

20 Dvadeset

30 Trideset

40 Četrdeset

50 Pedeset

60 Šezdeset

70 Sedamdeset

80 Osamdeset

90 Devedeset

100 Sto

200 Dvjesto

300 Tristo

400 Četiristo

500 Petsto

600 Šeststo

700 Sedamsto

800 Osamsto

900 Devetsto

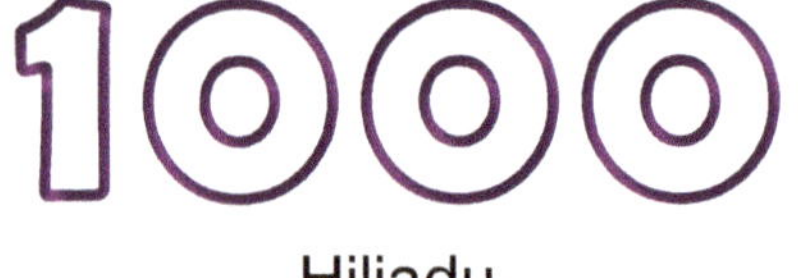

1000 Hiljadu

1,000,000 Milion

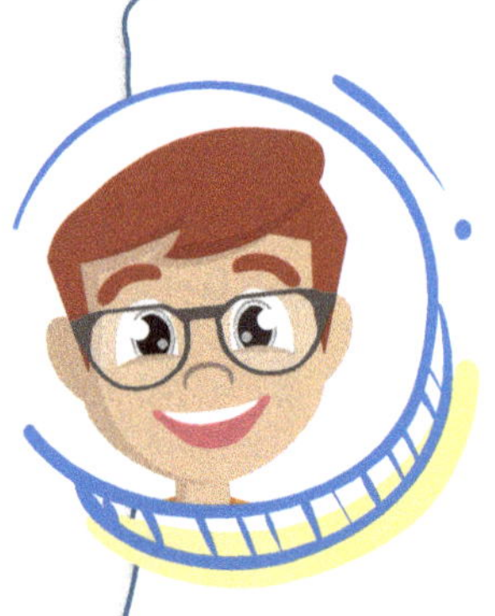

Koliko imaš godina?
Imam četrnaest godina, a moja sestra osam.
Koliko imaš sestara?
Imam dvije sestre.

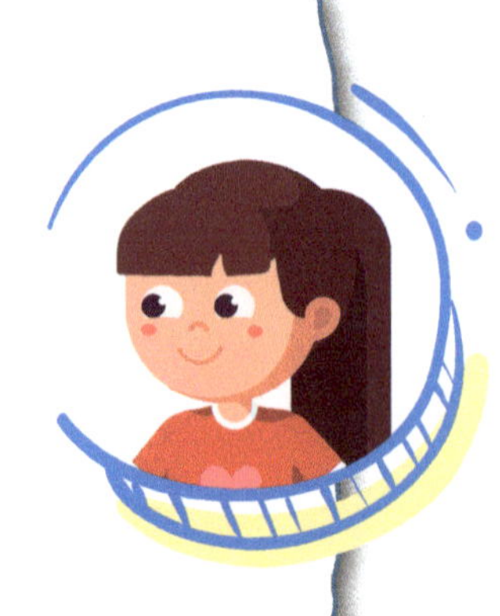

Prvi

Drugi

Treći

Četvrti

Peti

Šesti

Sedmi

Osmi

Deveti

Deseti

Jedan(a)esti

Jedan(a)esti

Trin(a)esti

Četrn(a)esti

Koji si razred?
Ja sam drugi razred, a ti?
Ja idem u treći.
Ko ide sad?
Ideš ti.

1. Tri sata
2. Tri i petn(a)est
3. Pola četiri ili tri i trideset
4. Petn(a)est to četiri
5. Devet i dvadeset

Koliko je sati?
Tačno je tri sata i trideset minuta.
Kada dolazi učitelj?
Učitelj dolazi za pet minuta.
Koliko traje čas?
Čas traje četrdeset i pet minuta.

1. Dnevni boravak
2. Spavaća soba
3. Kuhinja
4. Kupatilo
5. Hodnik
6. Ostava
7. Trpezarija
8. Garaža
9. Poštansko sanduče
10. Sprat
11. Podrum
12. Potkrovlje

Moja kuća ima tri spavaće sobe,
dva kupatila, dnevni boravak,
kuhinju i hodnik.
Naša kuća ima još i garažu.
Mi nemamo garažu.
Imate li vi podrum?
Nemamo, ali imamo potkrovlje.

DNEVNA SOBA

1. Sofa	6. Tepih	11. Cvijet
2. Sto	7. Polica	12. Lampa
3. Zid	8. Kamin	13. Fotelja
4. Plafon	9. TV	14. Slika
5. Pod	10. Prozor	15. Zavjesa

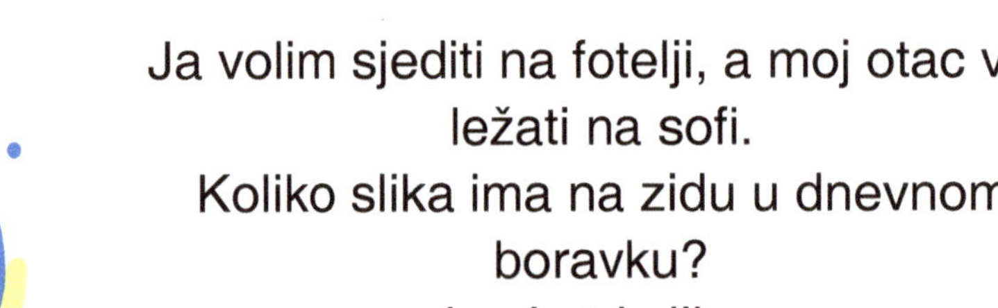

1. Viseća kuhinja
2. Kabinet
3. Sudoper
4. Mašina za pranje suđa
5. Šporet
6. Šerpa
7. Tava
8. Tanjir
9. Frižider
10. Toster
11. Mikrovalna
12. Kanta za smeće

1. Sto za ručavanje
2. Stolica
3. Tanjir
4. Kašika
5. Viljuška
6. Nož
7. Zdjela
8. Stolnjak
9. Čaša
10. Šolja
11. So
12. Biber
13. Salveta

Mogu li dobiti soli?
Evo, izvoli.
Koliko ima zdjela na stolu?
Imaju tri zdjele.
Hoćeš li čašu?
Da, molim.

1. Krevet	6. Jastučnica	11. Madrac
2. Jorgan	7. Sat	12. Ležati
3. Jastuk	8. Prozor	13. Pokriti se
4. Čaršaf	9. Ćilim	14. Otkriti se
5. Navlaka	10. Ogledalo	15. Zaspati

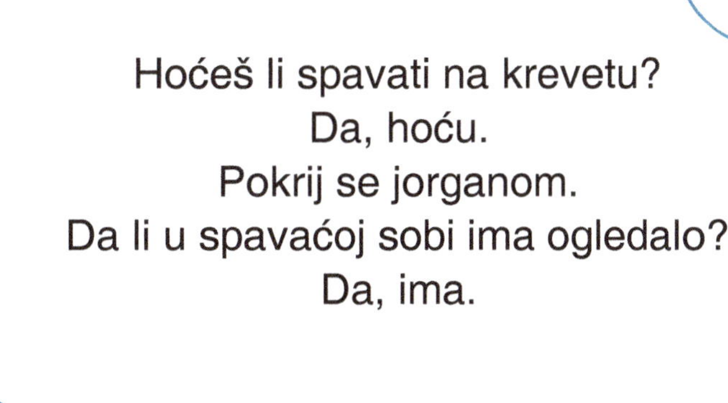

1. WC (ve ce) šolja
2. Umivaonik
3. Kada
4. Tuš
5. Sapun
6. Ogledalo
7. Fen
8. Peškir
9. Toalet papir
10. Toalet daska
11. Četkica za zube
12. Kaladont
13. Tuširati se

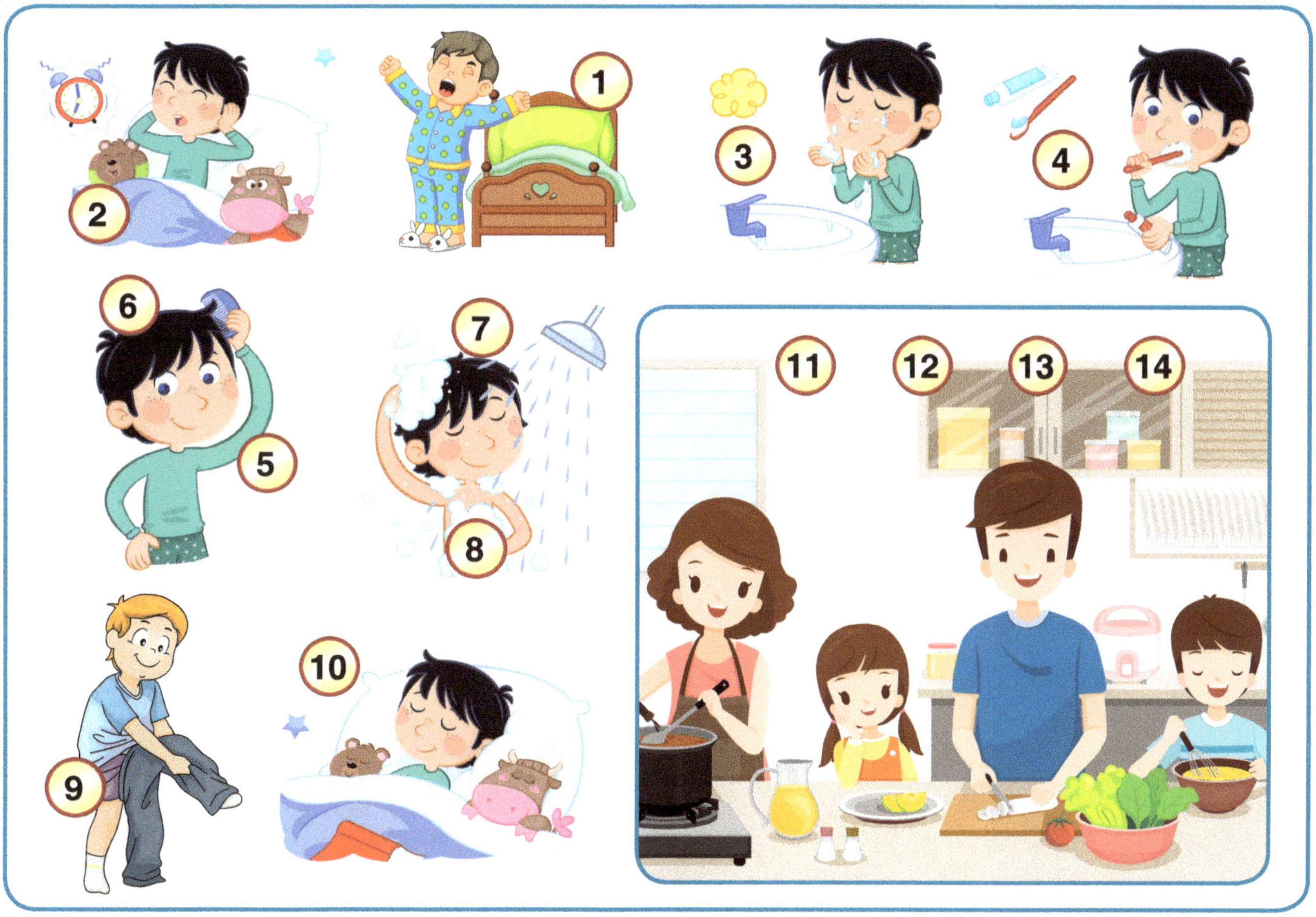

1. Ustati
2. Probuditi se
3. Umiti se
4. Oprati zube
5. Počešljati se
6. Počešljati kosu
7. Istuširati se
8. Okupati se
9. Obući se
10. Zaspati
11. Spremiti doručak
12. Ručak
13. Večera
14. Užina

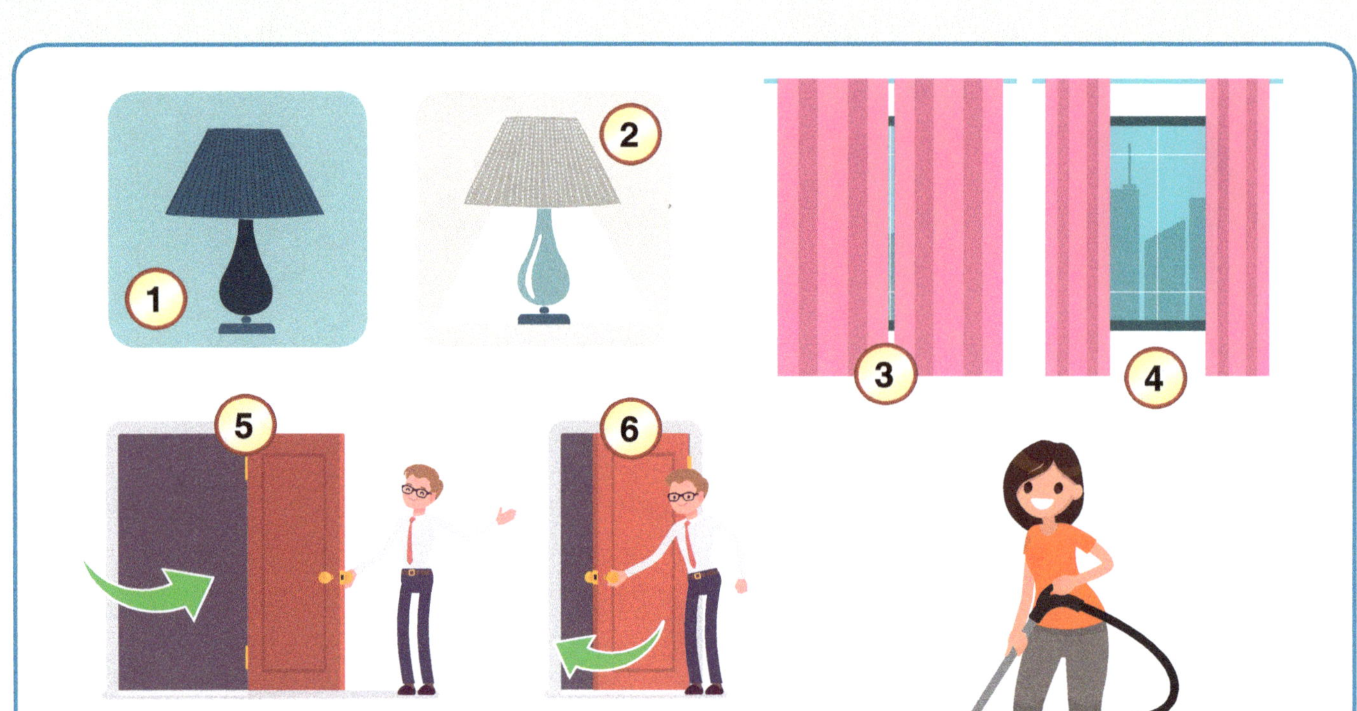

1. Isključi svjetlo
2. Uključi svjetlo
3. Navuci zavjesu
4. Otvori zavjesu
5. Otvori vrata
6. Zatvori vrata
7. Obriši sto
8. Usisaj tepih

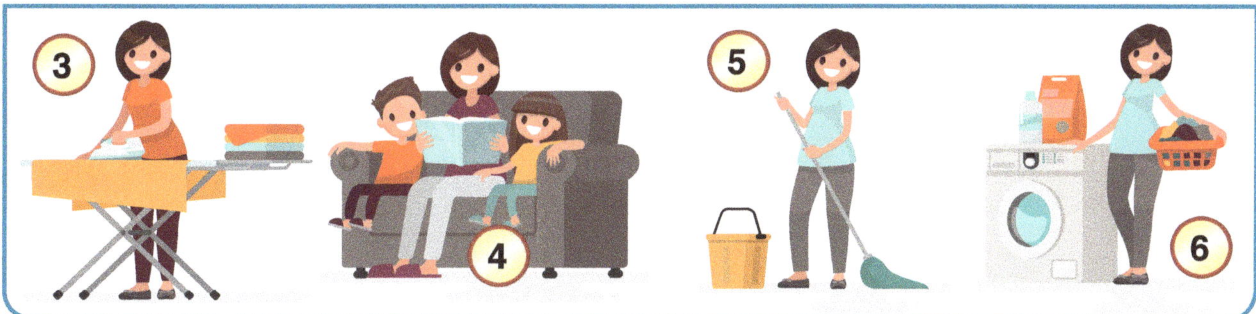

1. Očistiti sobu	3. Popeglati košulju	5. Oprati pod
2. Usisati prašinu	4. Učiti	6. Oprati veš

1. Čitati knjigu
2. Gledati tv
3. Slušati muziku
4. Čitati novine
5. Igrati igrice
6. Slikati
7. Odmarati se
8. Kuhati

Volim čitati _____________ svaki dan

Volim slušati _____________

Uživam igrati (se) _____________

Najbolje se odmaram uz _____________

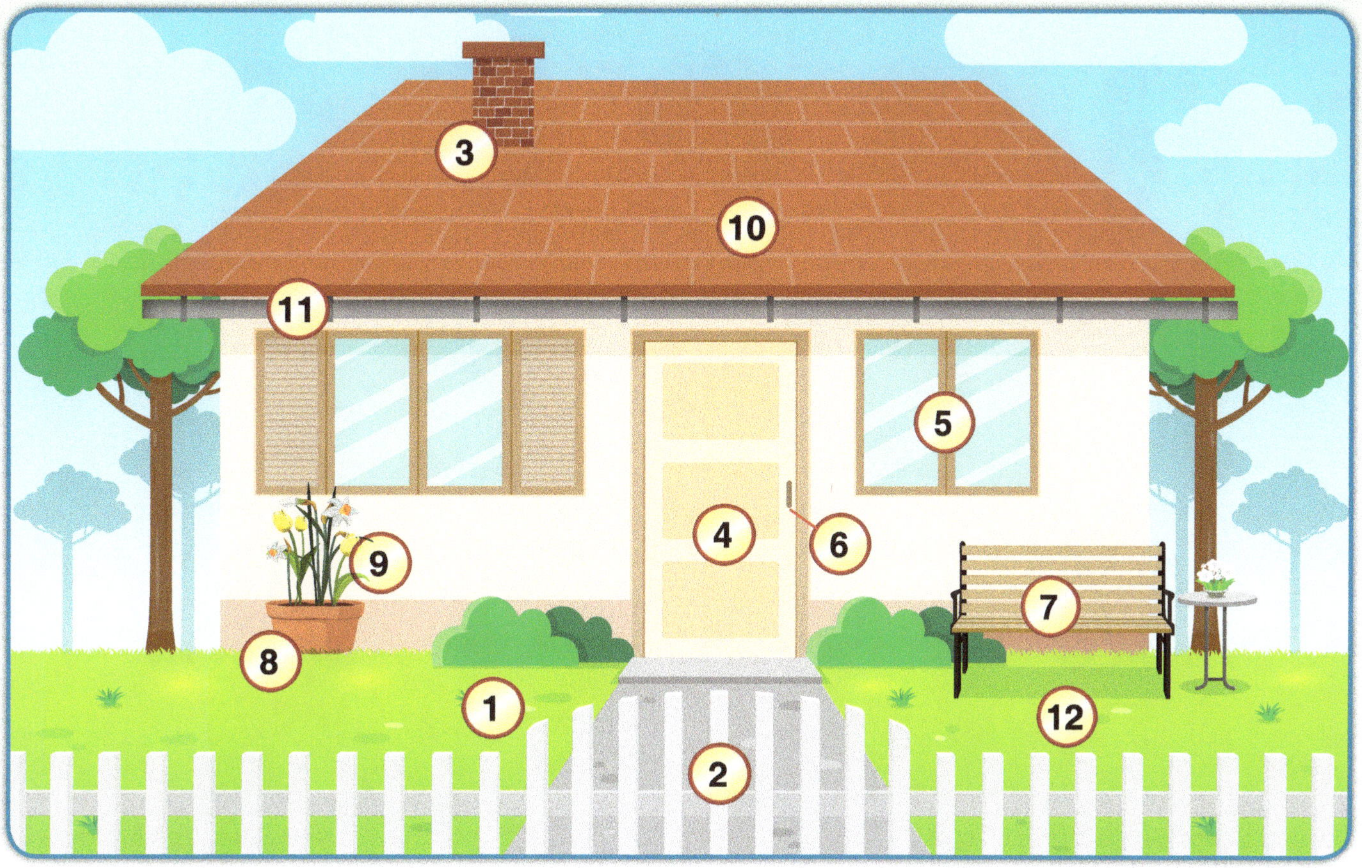

1. Dvorište/avlija
2. Ograda
3. Odžak/dimnjak
4. Vrata
5. Prozor
6. Šteka
7. Klupa
8. Saksija
9. Cvijeće
10. Krov
11. Oluk
12. Trava

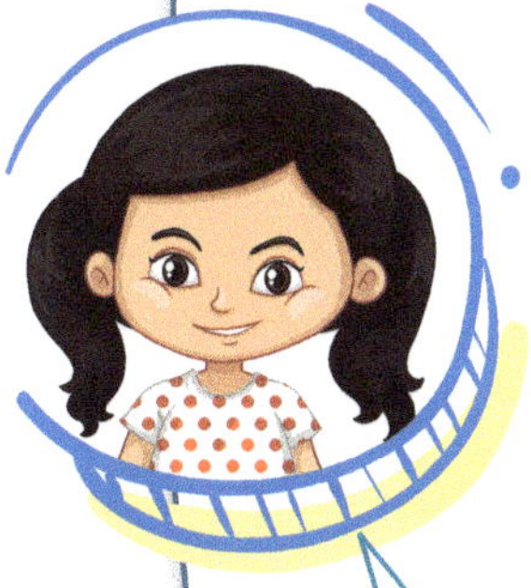

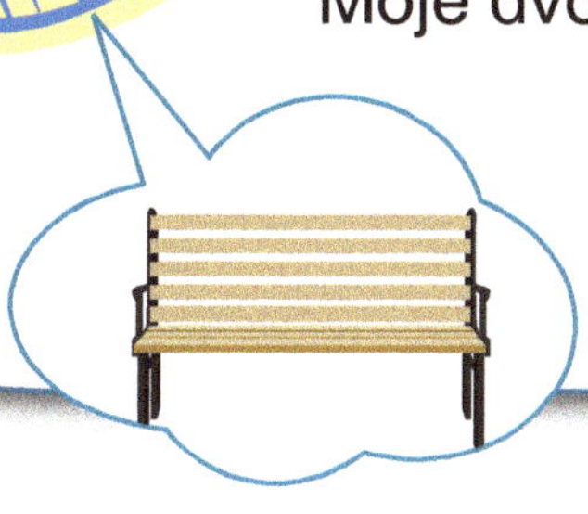

Najviše provodim vrijeme u svojoj avliji.
Tu imam jednu malu klupu na kojoj sjedim.
Ja u svom dvorištu imam saksiju sa cvijećem.
Moje dvorište je ograđeno bijelom ogradom.

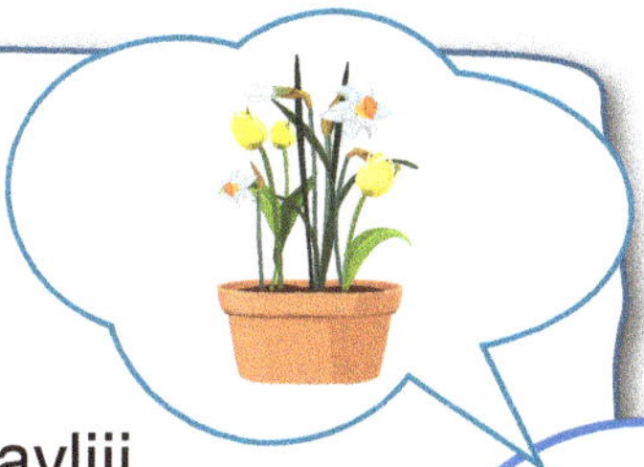

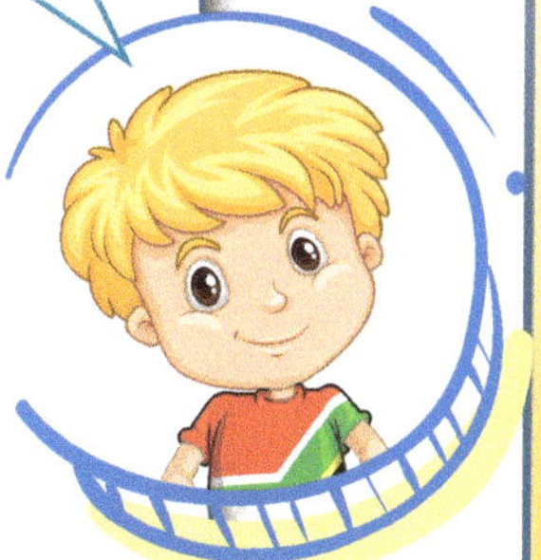

NOVAC

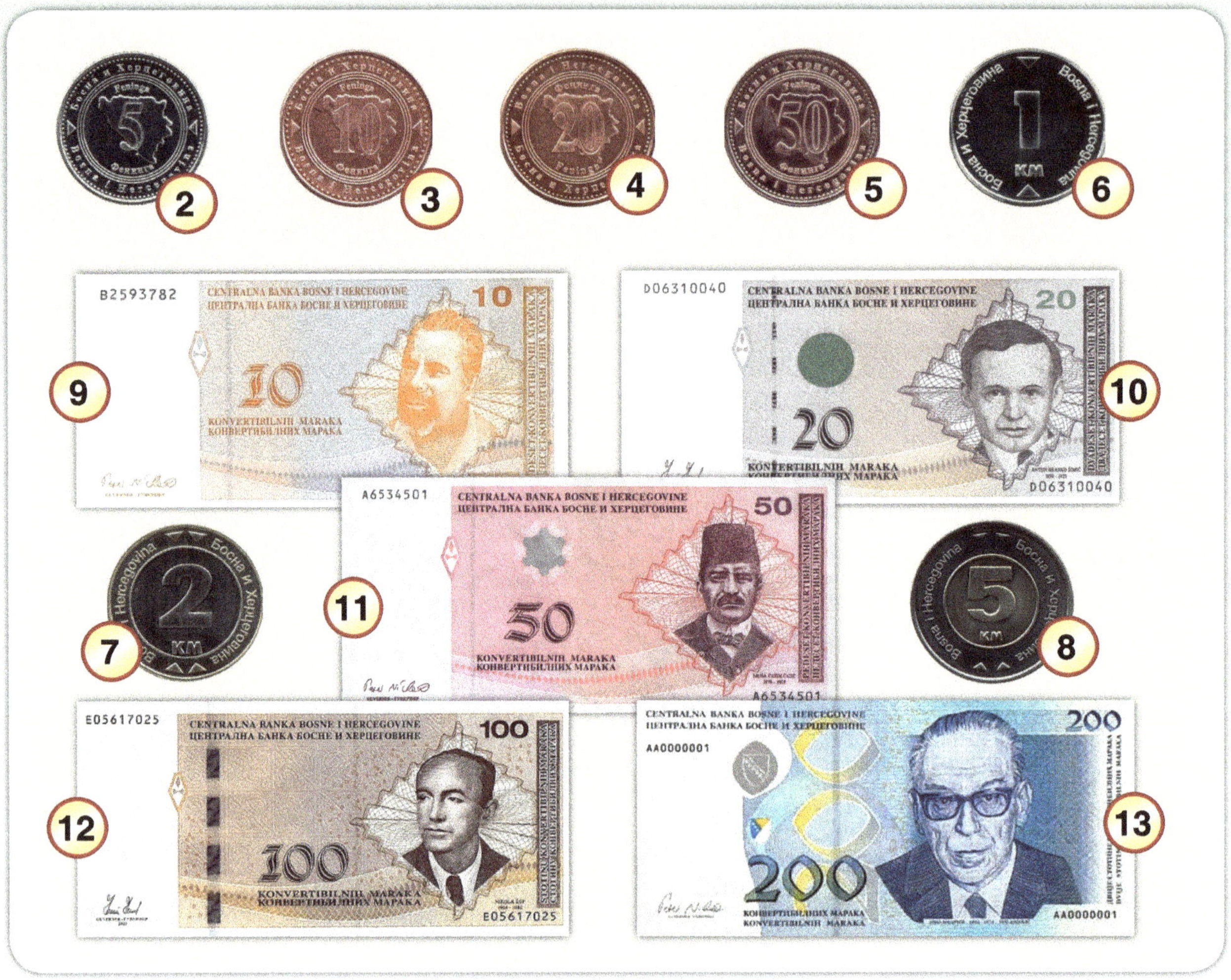

1. Fening
2. Pet feninga
3. Deset feninga
4. Dvadeset feninga
5. Pedeset feninga
6. Jedna marka
7. Dvije marke
8. Pet maraka
9. Deset maraka
10. Dvadeset maraka
11. Pedeset maraka
12. Sto maraka
13. Dvjesto maraka

Koliko košta čokolada?
Čokolada košta dvije marke
Pošto je sok?
Sok je marka
Imate li sitno?
Imam ukrupno 20 maraka.

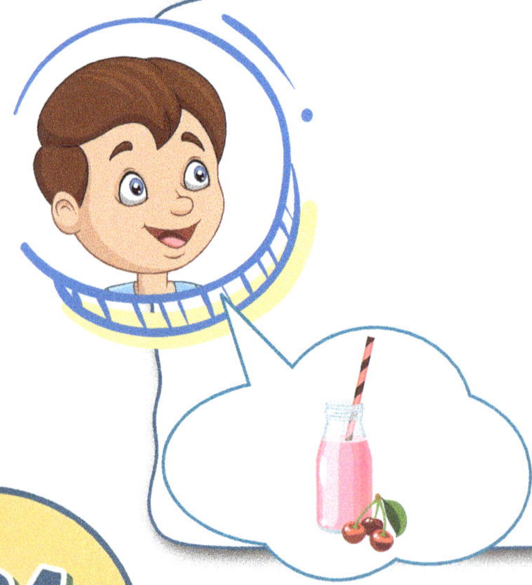

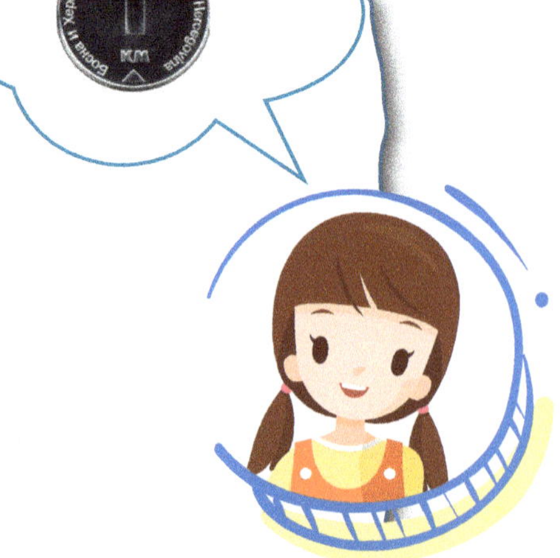

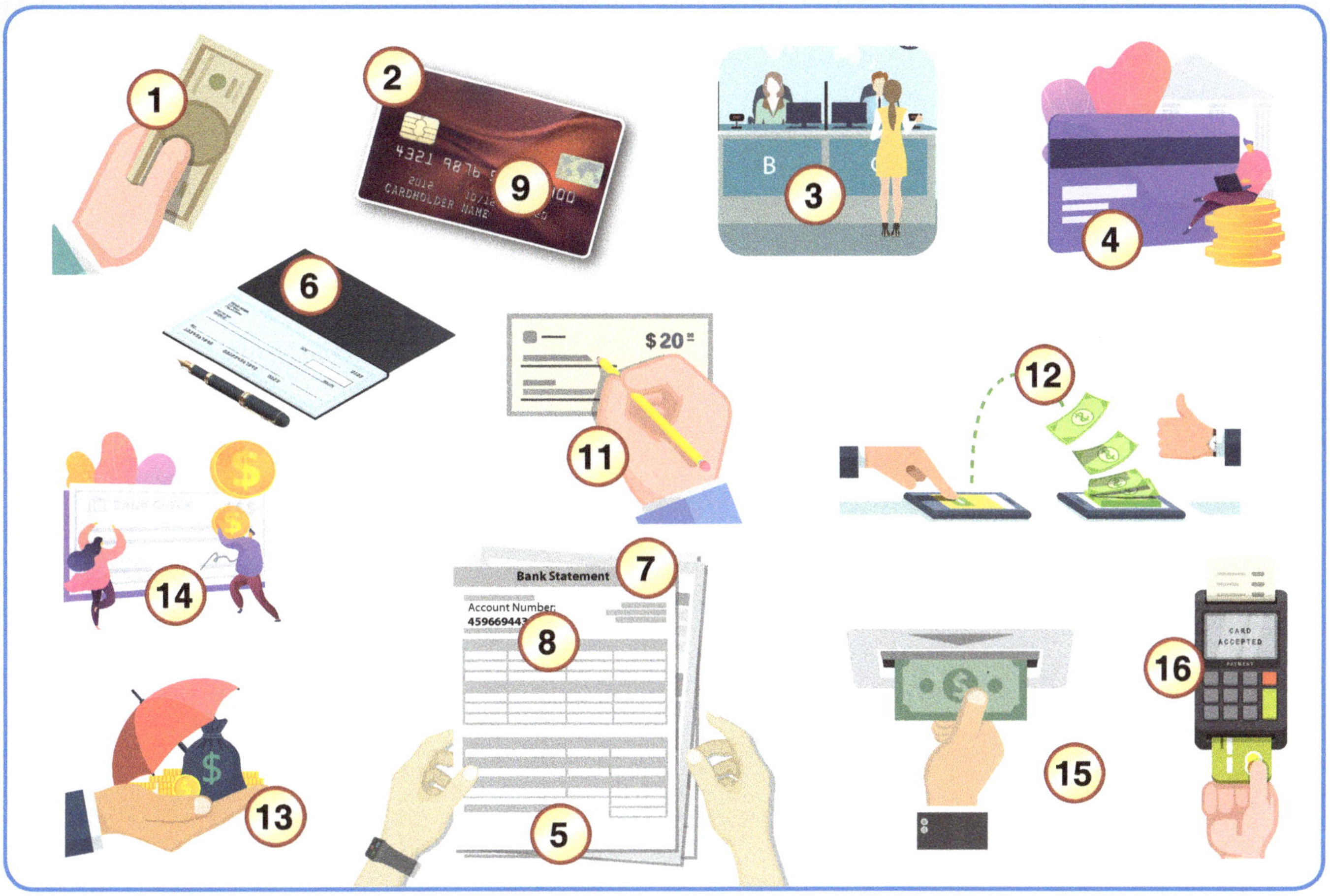

1. Novac / pare
2. Kreditna kartica
3. Banka
4. Bankovni račun
5. Izvještaj sa računa
6. Čekovna knjižica
7. Račun
8. Broj računa
9. Broj kartice
10. Kredit
11. Napisati ček
12. Prebaciti novac
13. Položiti novac
14. Položiti ček
15. Podići novac
16. Platiti

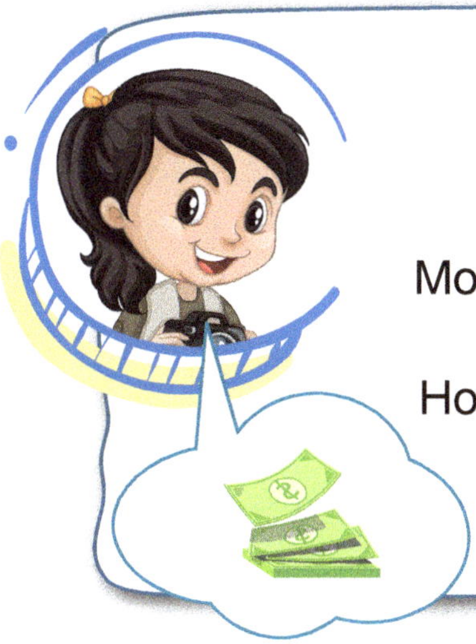

Gdje mogu podići novac?
Možete podići u banci.
Moram li imati otvoren račun u toj banci?
Ne morate, ali bi bilo dobro.
Hoćete li, molim Vas, potpisati Vaš ček?
Da, naravno.

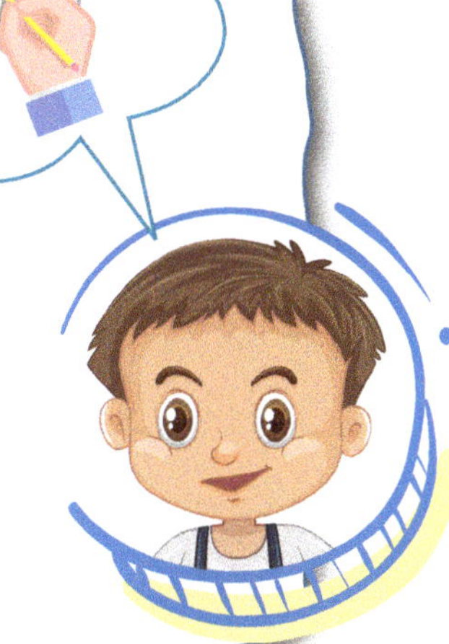

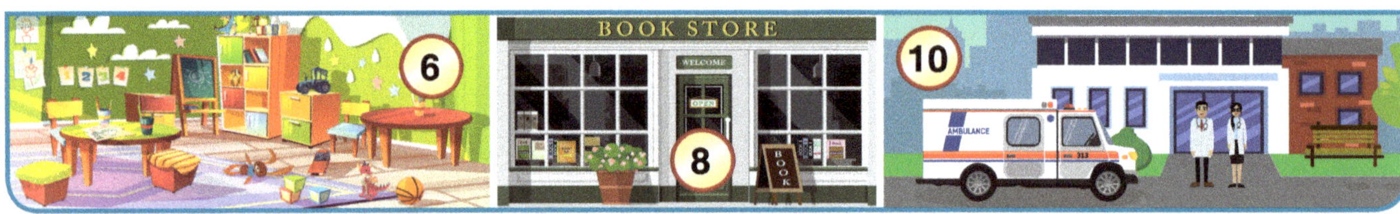

1. Radnja/Prodavnica
2. Apoteka
3. Banka
4. Pekara
5. Kafić
6. Obdanište
7. Škola
8. Knjižara
9. Biblioteka
10. Ambulanta

Danas sam išla u radnju da kupim hranu.
Otišla sam također i do apoteke da
pokupim lijekove za djeda.
Ja sam bio u banci i pekari.
Poslije toga ostao sam malo u kafiću i
svratio do knjižare.

1. Prodavnica
2. Tržni centar
3. Radnja
4. Kupiti
5. Platiti
6. Rasprodaja
7. Popust
8. Veličina
9. Materijal
10. Cijena
11. Porez

HRANA: MESO

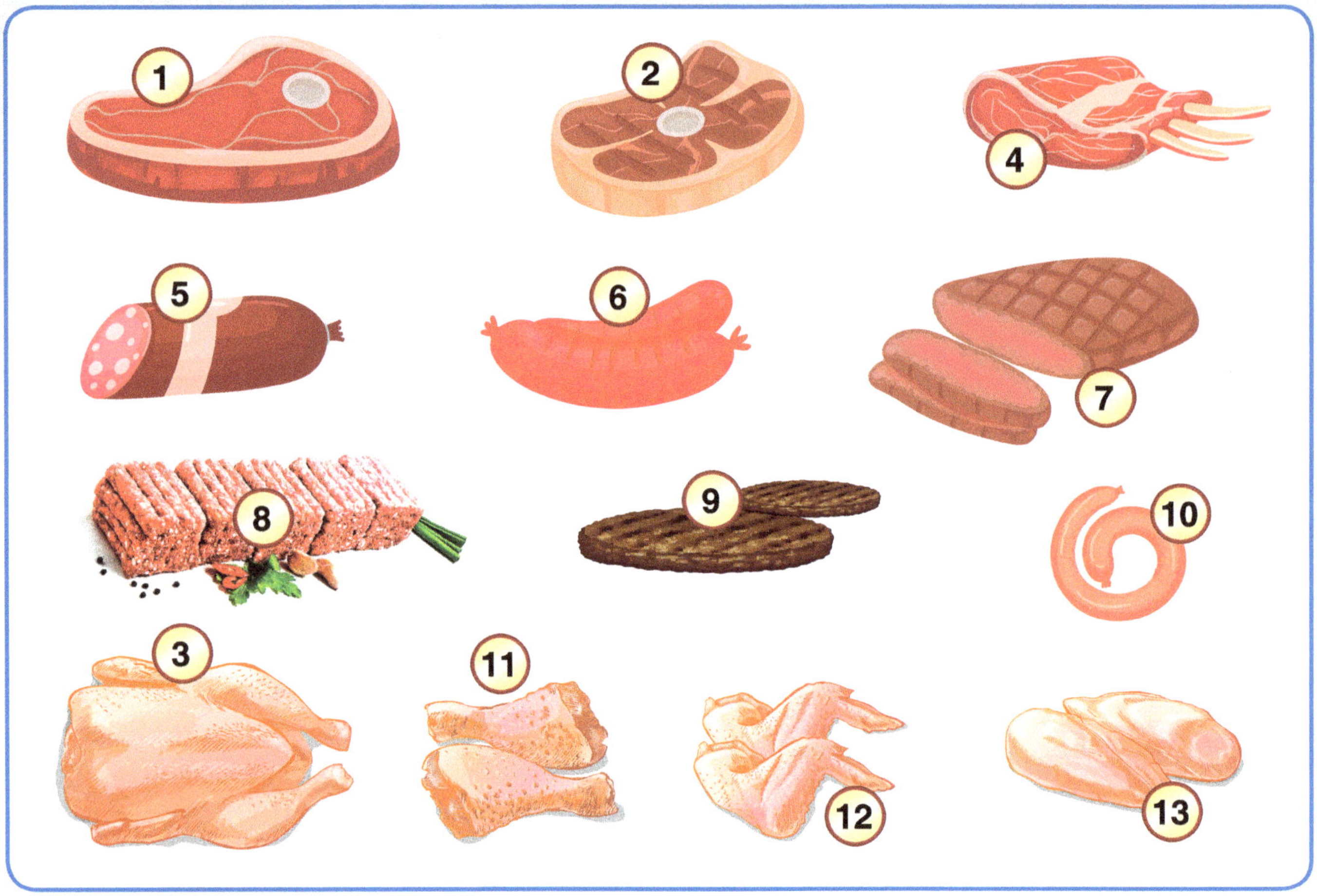

1. Govedina / goveđe meso
2. Teletina / teleće meso
3. Piletina / pileće meso
4. Janjetina
5. Salama
6. Kobasice
7. Suho meso
8. Ćevapi
9. Pljeskavica
10. Sudžukice
11. Batak
12. Krilo
13. Prsa

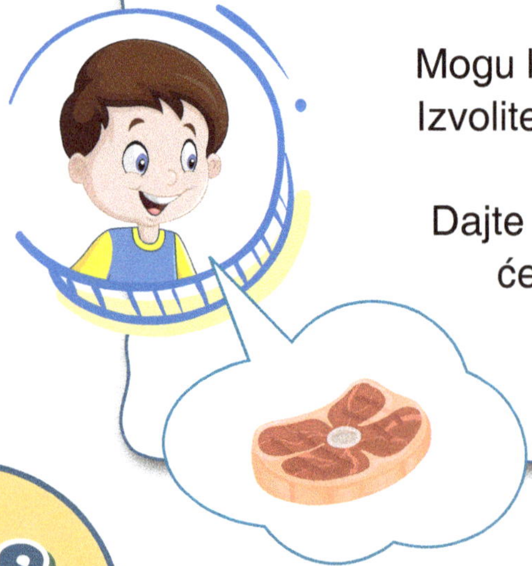

Mogu li dobiti kilogram telećeg mesa?
Izvolite. Danas imamo svježe ćevape i pljeskavice.
Dajte mi, molim Vas, pola kilograma ćevapa i isto toliko kobasica.
Imate li pilećih prsa?
Nažalost, nemam.

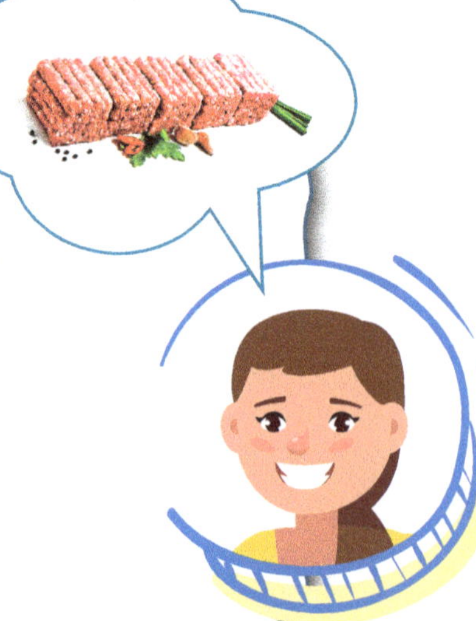

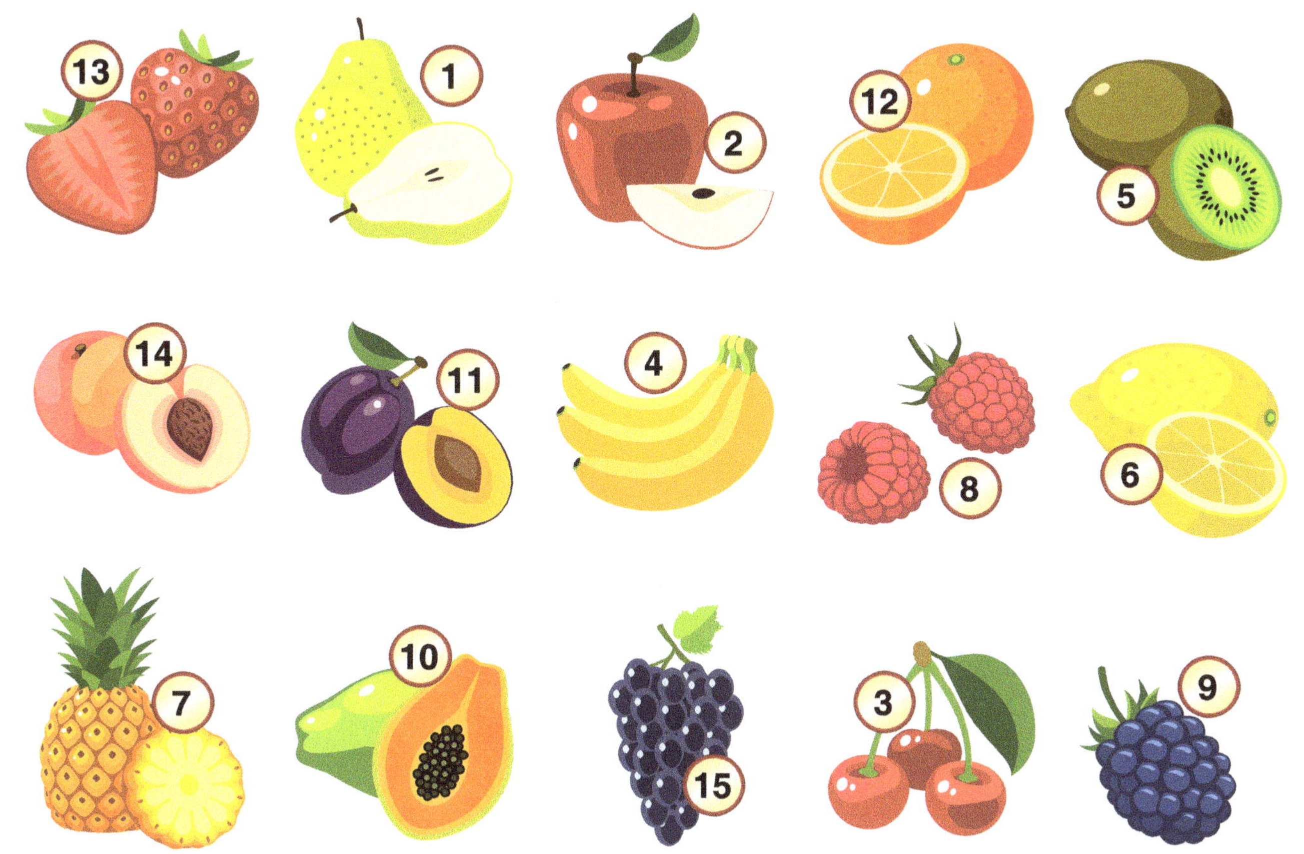

1. Kruška
2. Jabuka
3. Trešnja
4. Banana
5. Kivi
6. Limun
7. Ananas
8. Malina
9. Kupina
10. Avokado
11. Šljiva
12. Narandža
13. Jagoda
14. Breskva
15. Grožđe

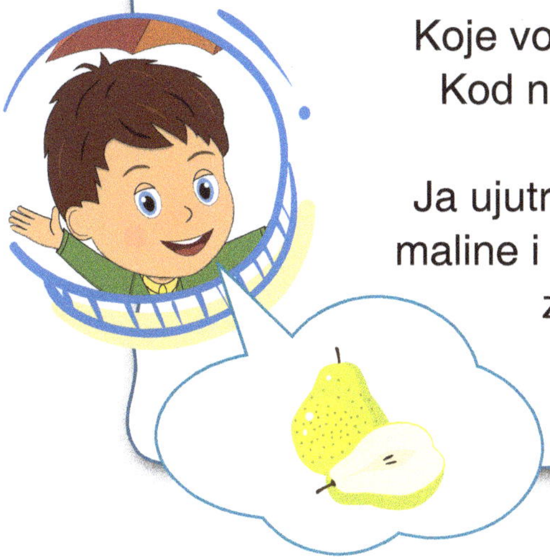

Koje voće vi redovno imate u svojoj kući?
Kod nas na stolu uvijek imate krušaka,
jabuka, banana i trešanja.
Ja ujutro pojedem dvije jagode, tri ili četiri
maline i nekoliko kupina. Kažu da je veoma
zdravo jesti voće svaki dan.

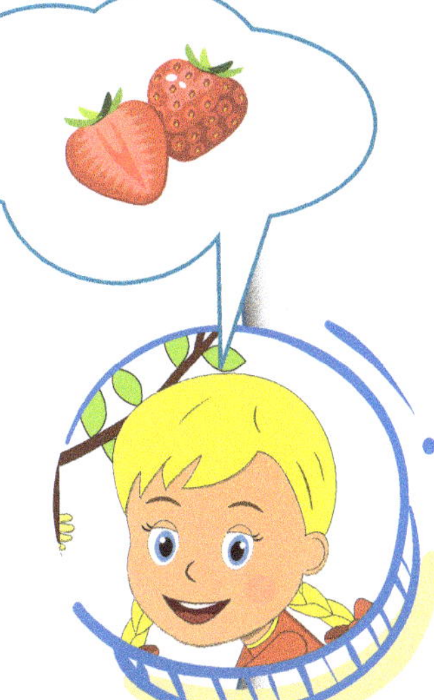

1. Krompir
2. Krastavac
3. Paradajz
4. Kupus
5. Karfiol
6. Peršun
7. Crveni luk
8. Bijeli luk
9. Tikvica
10. Patlidžan
11. Cvekla
12. Mrkva
13. Paprika
14. Brokula
15. Bundeva

1. Brašno
2. Riža
3. Ulje
4. Maslinovo ulje
5. So
6. Biber
7. Makaroni
8. Špageti
9. Šećer
10. Kečap
11. Senf
12. Džem
13. Majoneza
14. Ajvar
15. Supa
16. Hljeb

Gdje se nalazi džem i kečap?
Džem je u kabinetu do makarona,
a kečap u frižideru.
Koje ulje vi koristite?
Većinom koristimo maslinovo ulje.
Hoćeš li jesti hljeb sa supom?
Ne, hvala.

1. Sok od trešanja
2. Sok od breskve
3. Sok od grožđa
4. Sok od jagoda
5. Kafa/kahva
6. Topla čokolada
7. Čaj
8. Voda

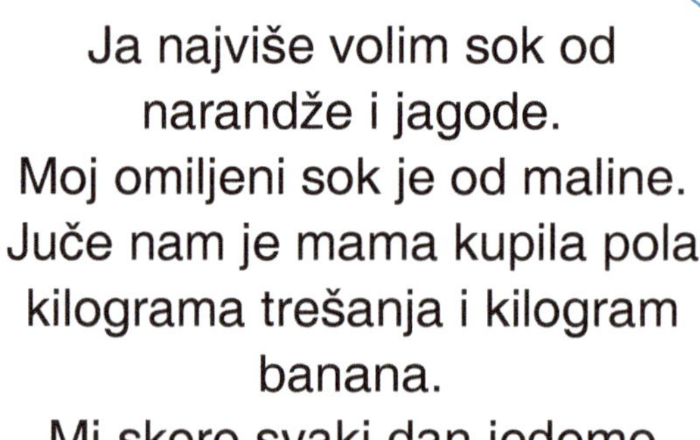

1. Mlijeko
2. Sir
3. Puter
4. Margarin
5. Mladi sir
6. Suhi sir
7. Voćni jogurt
8. Kajmak
9. Pavlaka
10. Kiselo mlijeko

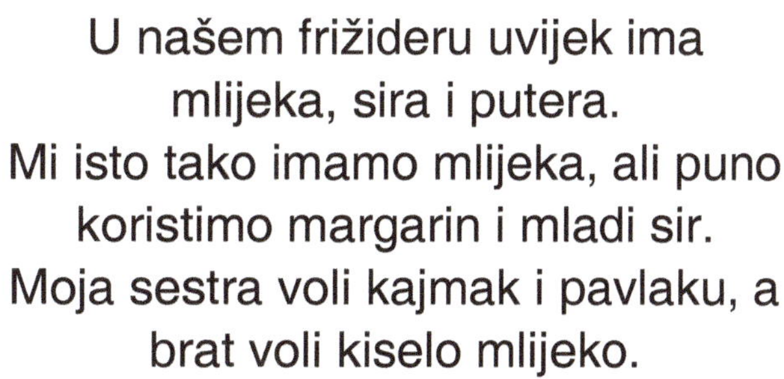

U našem frižideru uvijek ima mlijeka, sira i putera.
Mi isto tako imamo mlijeka, ali puno koristimo margarin i mladi sir.
Moja sestra voli kajmak i pavlaku, a brat voli kiselo mlijeko.

1. Džemper
2. Pantalone / pantole
3. Majica
4. Košulja
5. Trenerka
6. Čarape
7. Kaput
8. Odijelo
9. Sako
10. Tunika
11. Kravata
12. Unutrašnji veš / gaće
13. Potkošulja
14. Pidžama
15. Kapa
16. Dugi kaput
17. Kožna jakna
18. Šal
19. Rukavice
20. Kišobran

1. Cipele
2. Čizme
3. Papuče
4. Patike / tene
5. Sandale
6. Pokućnice

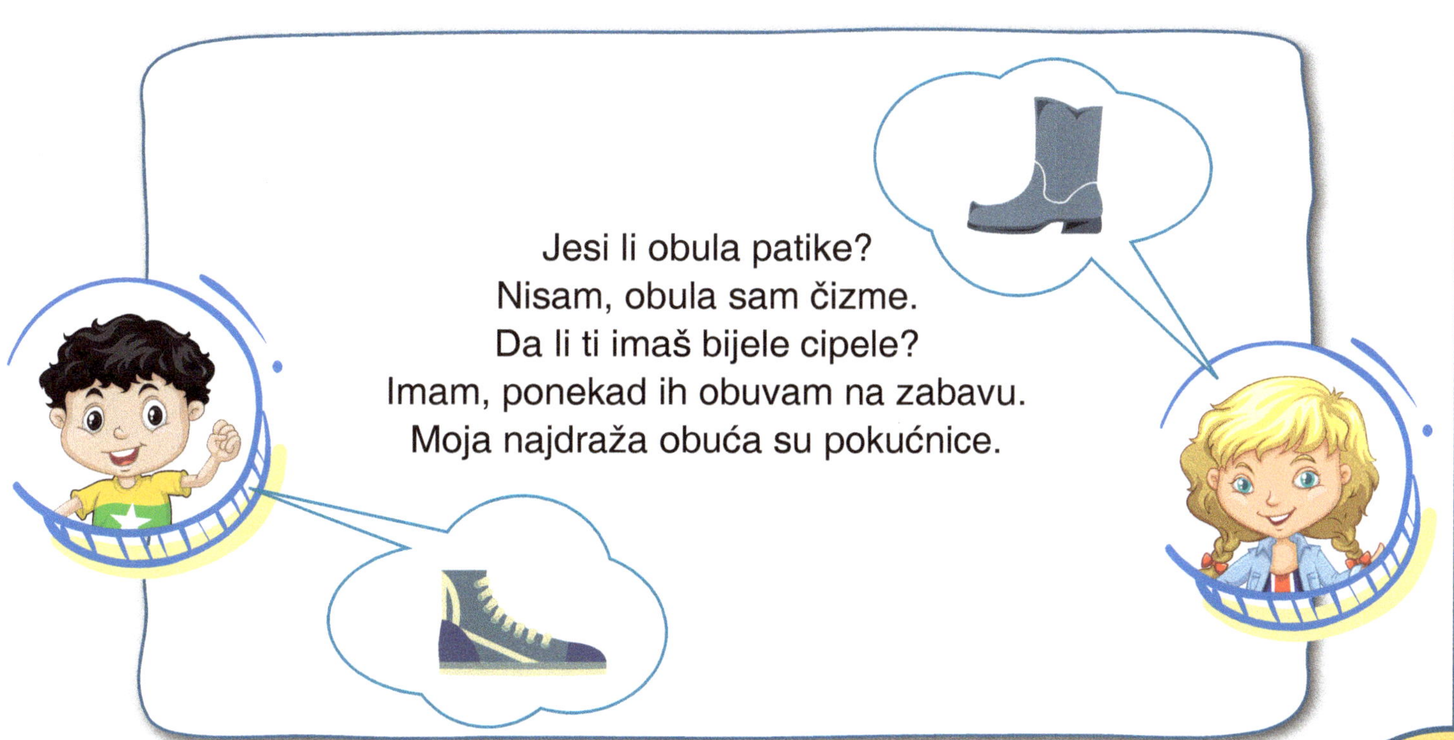

BOJE

1. Zelena
2. Crvena
3. Crna
4. Plava
5. Bijela
6. Narandžasta
7. Smeđa
8. Siva
9. Srebrena
10. Zlatna
11. Tamnosmeđa
12. Svjetloplava

Koje je boje nebo?
Nebo je svjetloplave boje.
Koja se boja tebi najviše sviđa?
Meni se sviđa plava, ali volim i bijelu i smeđu.
Moja omiljena boja je zelena.

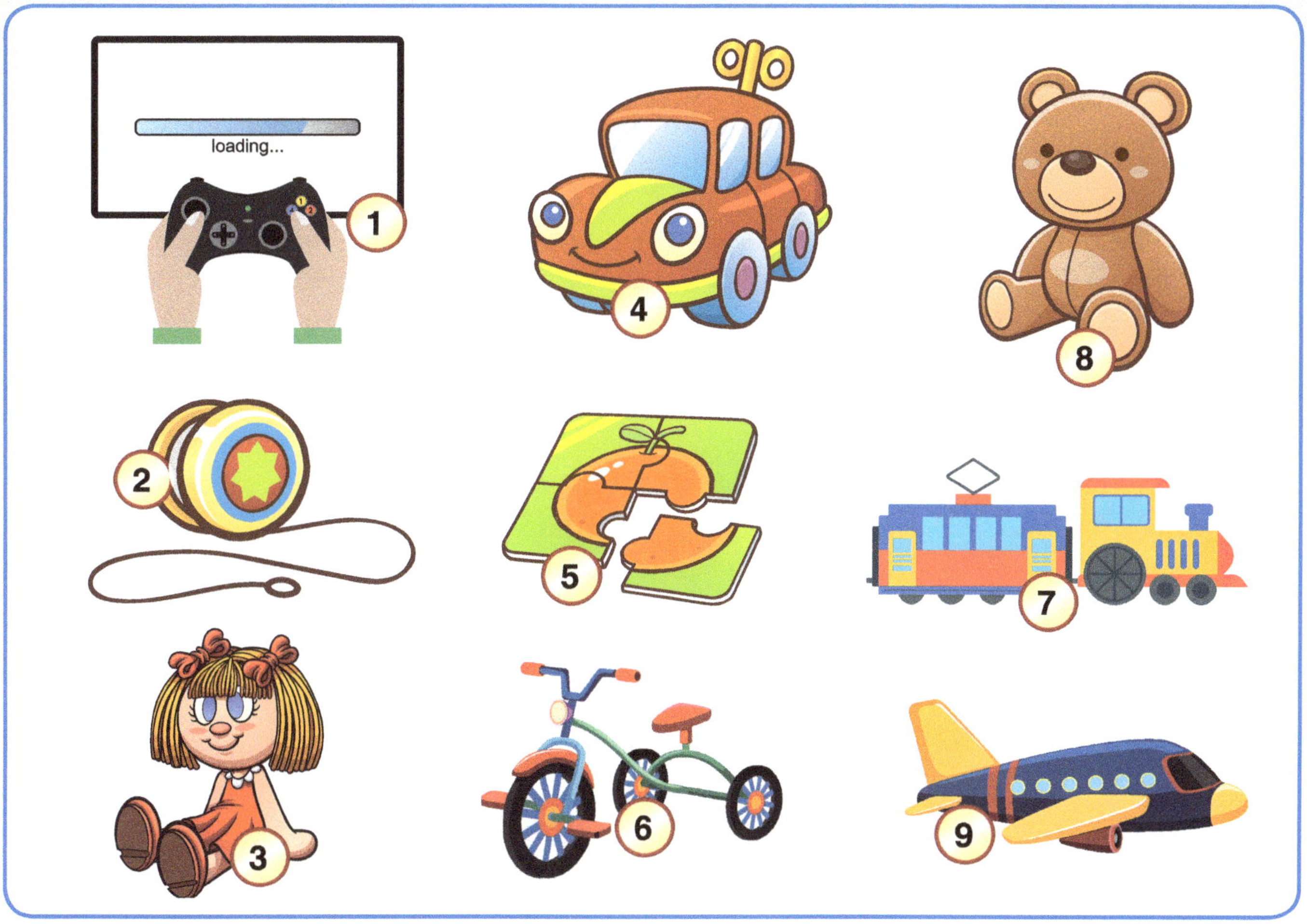

1. Videoigrica
2. Igračka
3. Lutka
4. Autić
5. Slagalica
6. Bicikl
7. Voz
8. Medo
9. Avion

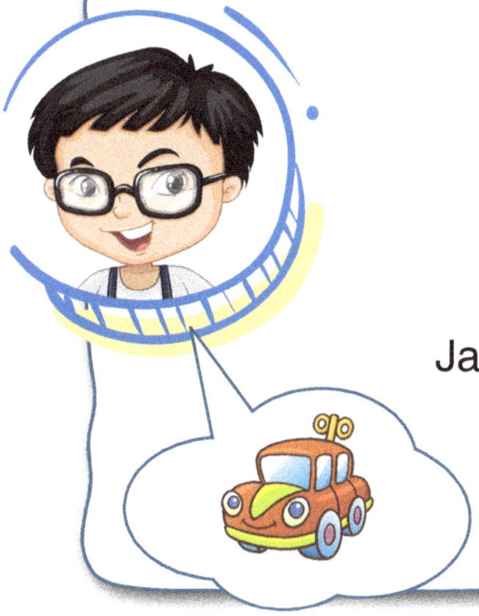

Šta je ovo?
Ovo je moja omiljena igračka.
Čime se ti najviše igraš?
Igram se autićima.
Ja noću spavam sa svojim medom.
A ja sa mojom lutkom.

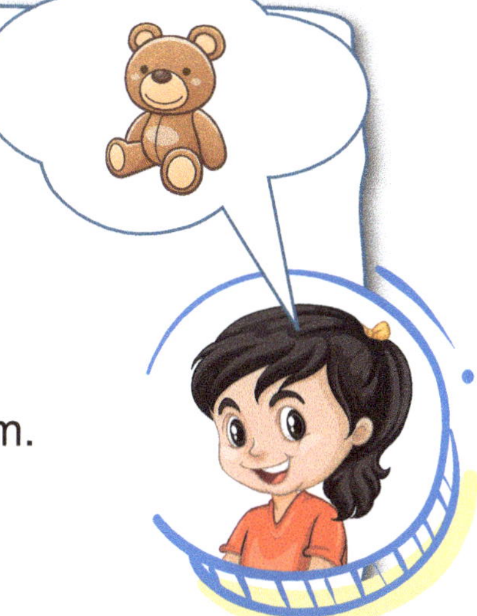

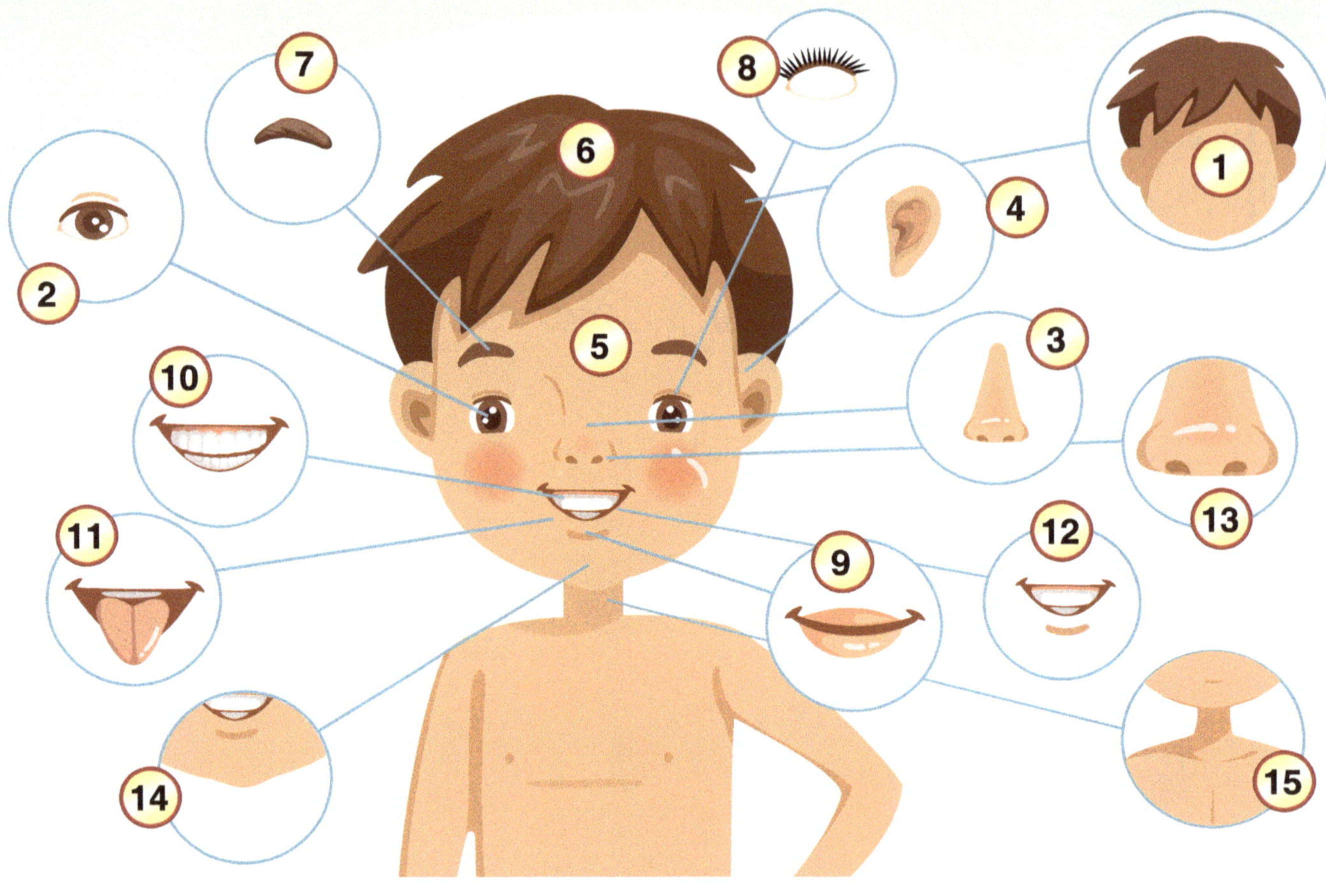

1. Glava	6. Kosa	11. Jezik
2. Oko	7. Obrva	12. Usta
3. Nos	8. Trepavica	13. Nozdrva
4. Uho	9. Usna	14. Brada
5. Čelo	10. Zubi	15. Vrat

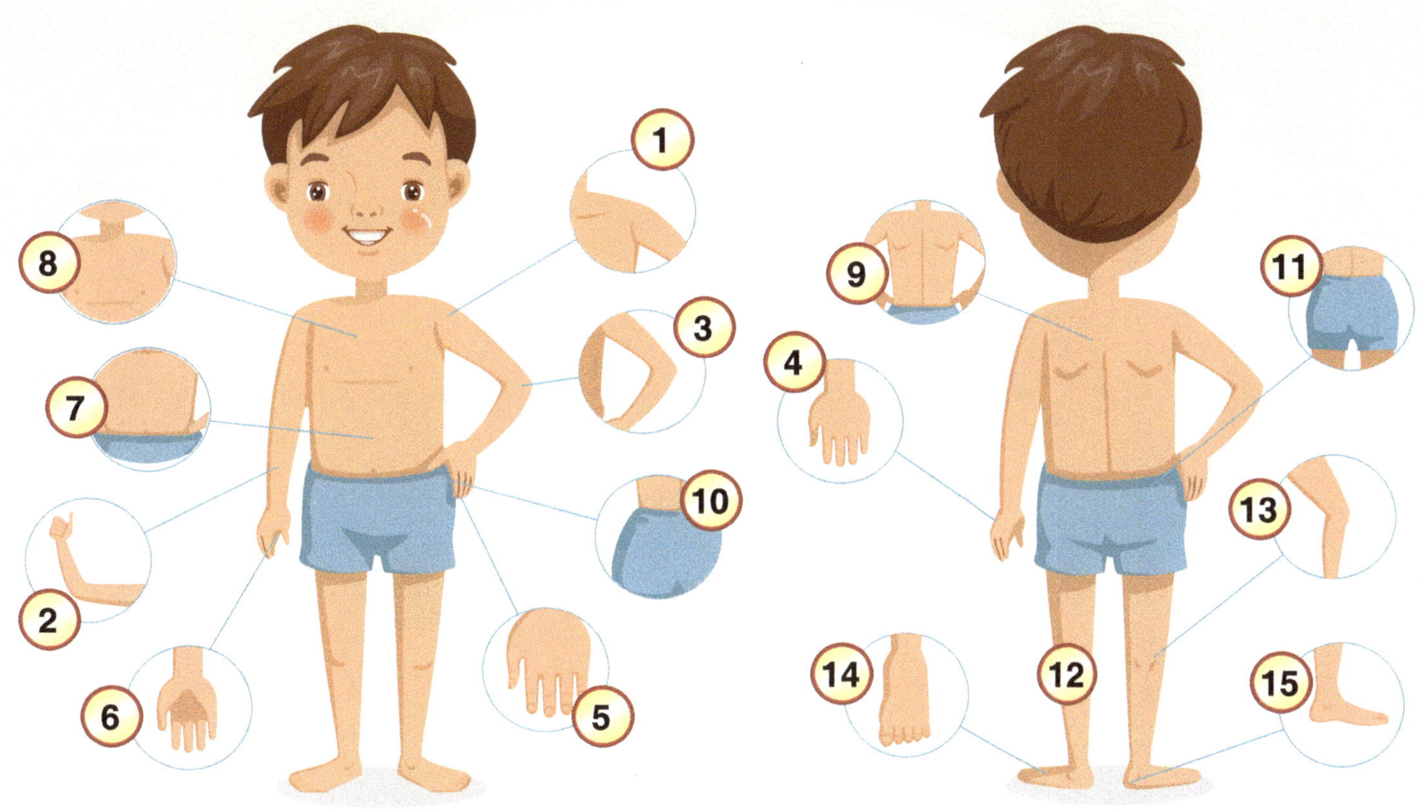

1. Rame	6. Dlan	11. Stražnjica / guza
2. Ruka	7. Stomak	12. Noga
3. Lakat	8. Prsa	13. Koljeno
4. Šaka	9. Leđa	14. Stopalo
5. Prst	10. Kuk	15. Peta

1. Lijep / lijepa
2. Ružan / ružna
3. Visok / visoka
4. Nizak / niska
5. Mršav / mršava
6. Debeo / debela
7. Krupan / krupna
8. Veseo
9. Tužan
10. Umoran
11. Radostan

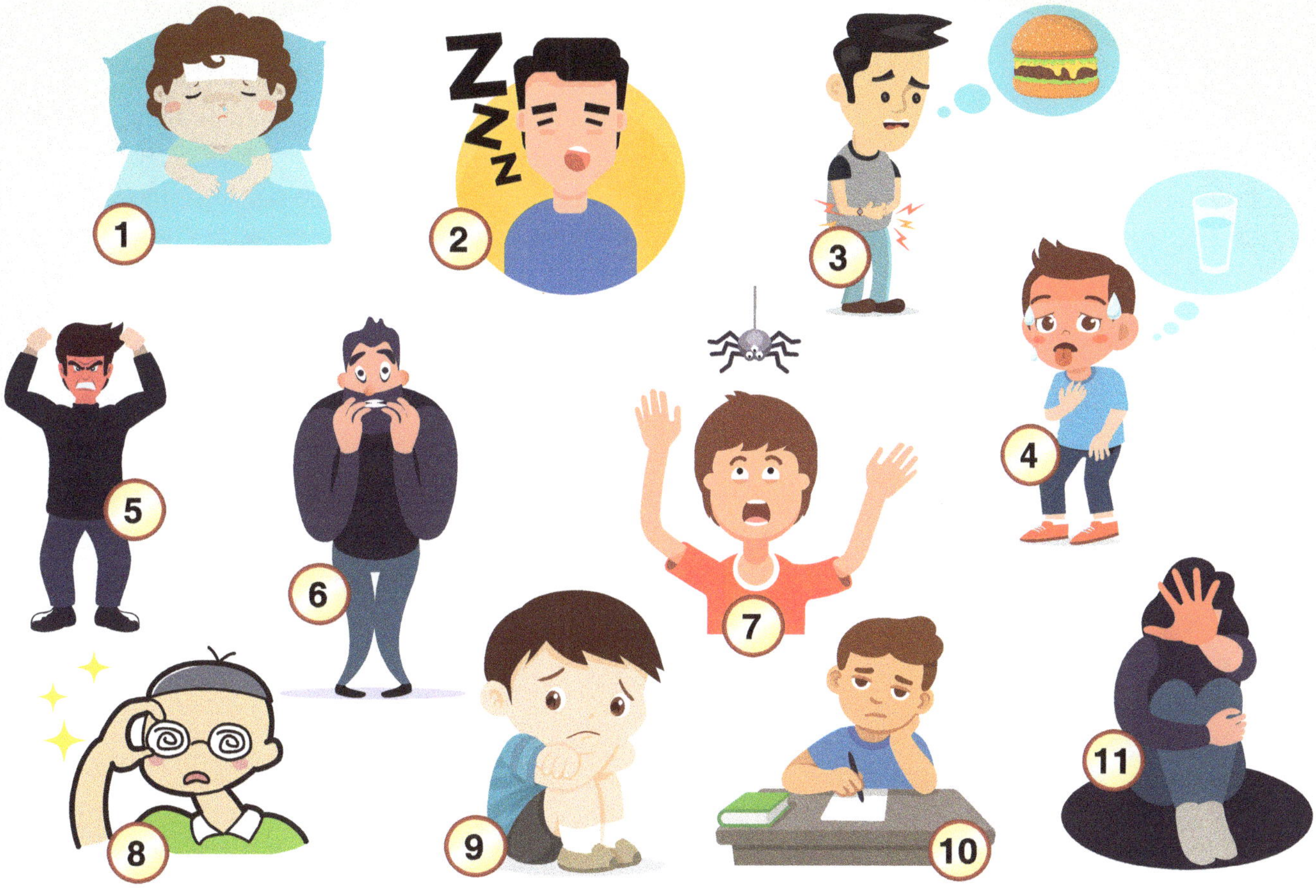

1. Bolestan
2. Pospan
3. Gladan
4. Žedan
5. Ljut
6. Nervozan
7. Uplašen
8. Zavidan
9. Usamljen
10. Dosadan
11. Posramljen

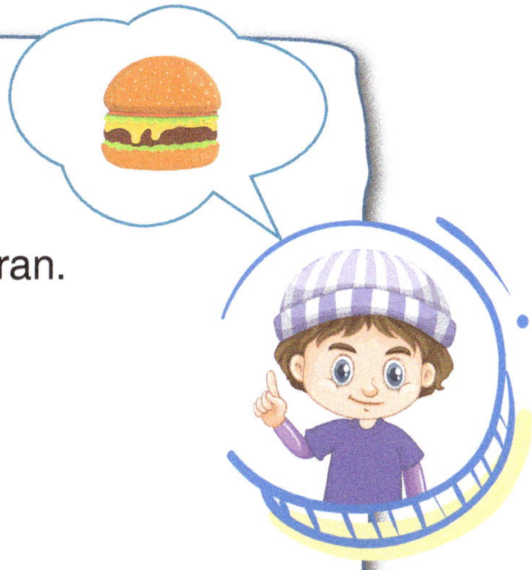

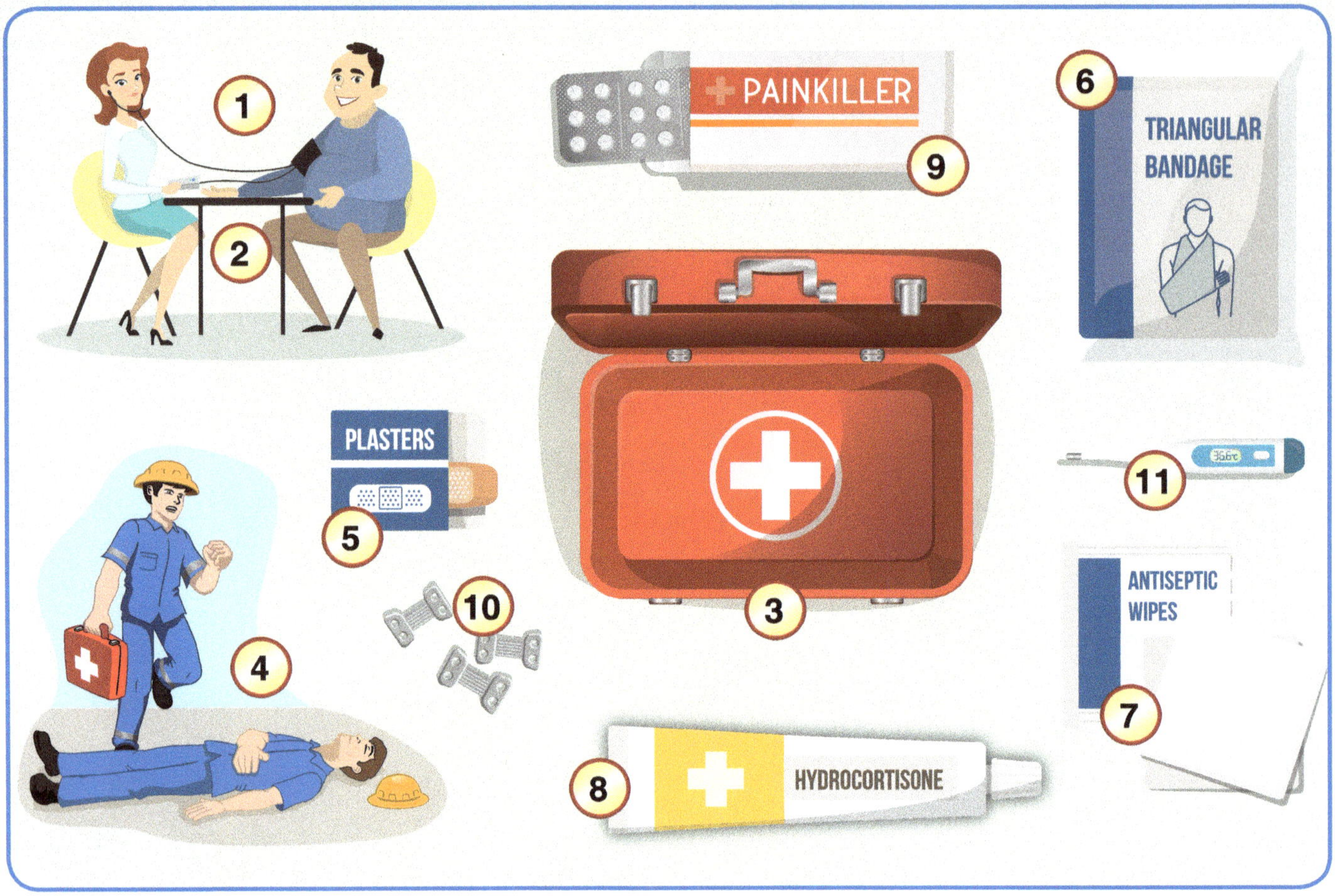

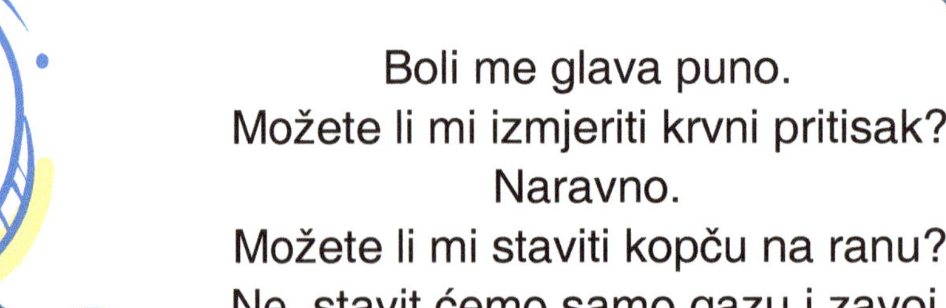

1. Krvni pritisak
2. Izmjeriti krvni pritisak
3. Prva pomoć
4. Pružiti prvu pomoć
5. Flaster
6. Zavoj
7. Gaza
8. Krema
9. Lijek
10. Kopče
11. Toplomjer

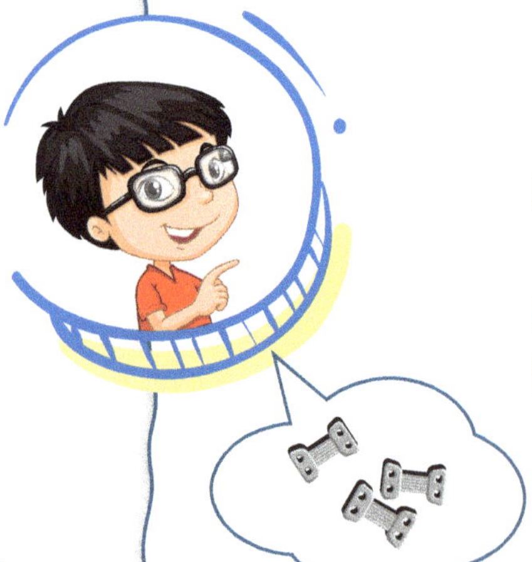

Boli me glava puno.
Možete li mi izmjeriti krvni pritisak?
Naravno.
Možete li mi staviti kopču na ranu?
Ne, stavit ćemo samo gazu i zavoj.

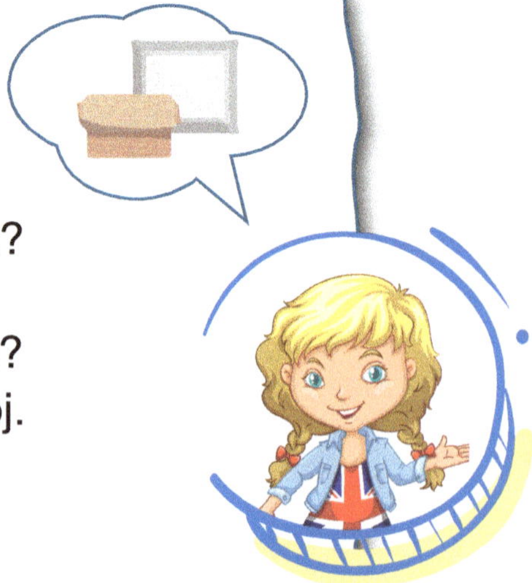

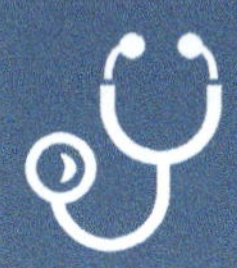

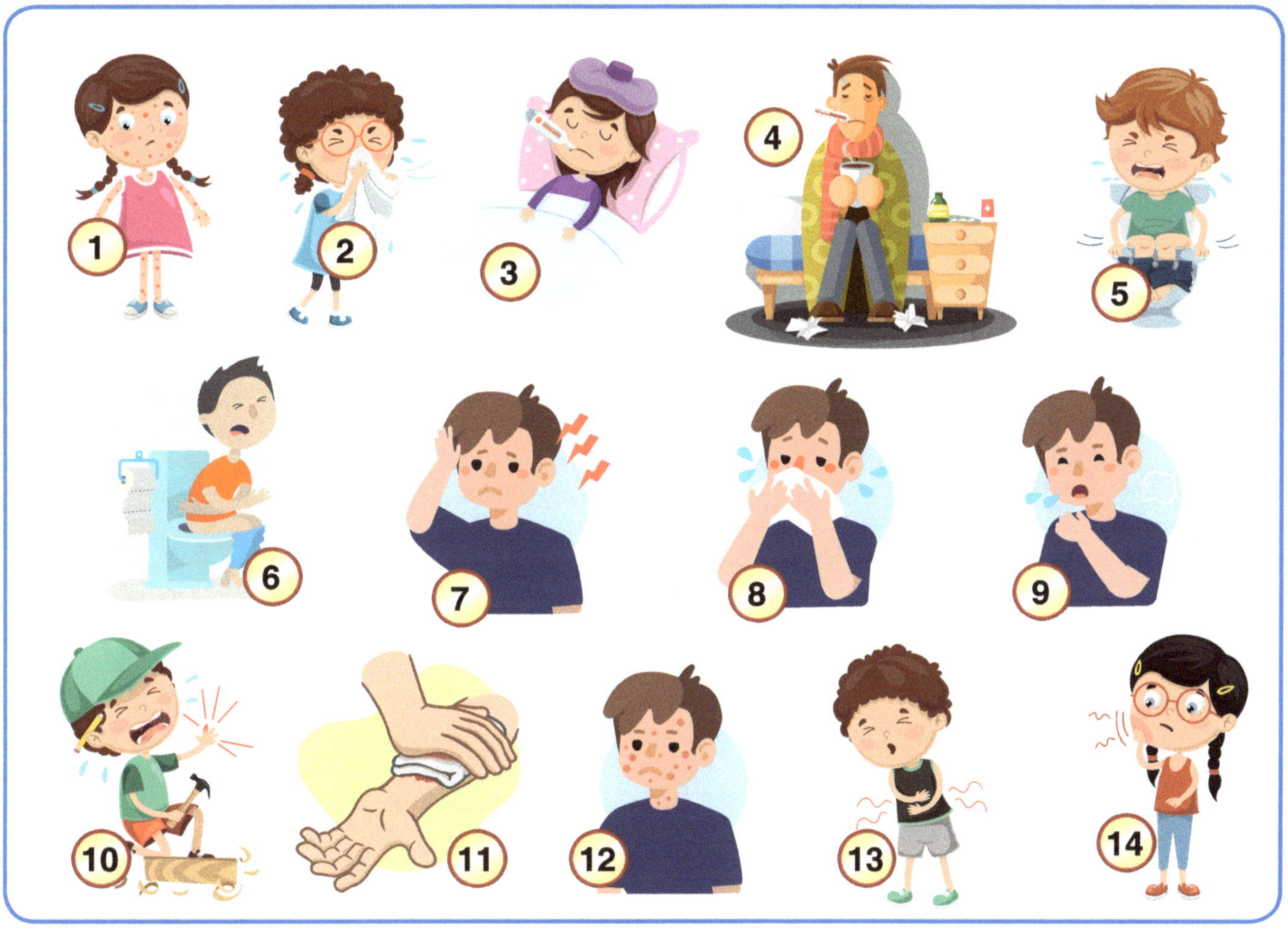

1. Bolesti
2. Gripa
3. Temperatura
4. Prehlada
5. Proljev
6. Zatvor
7. Glavobolja
8. Virus
9. Kašalj
10. Žulj
11. Krvarenje
12. Osip
13. Infekcija
14. Upala

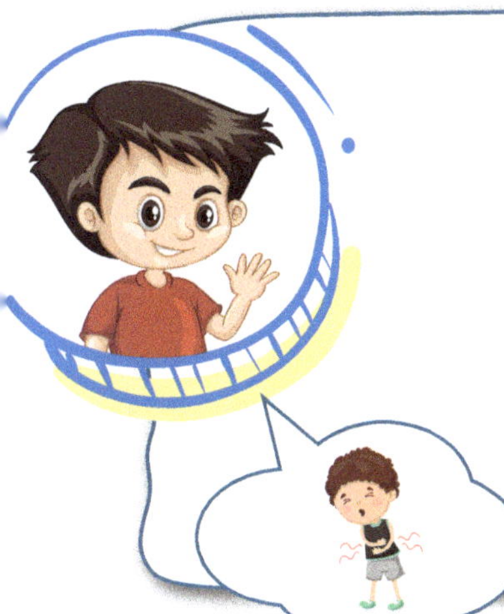

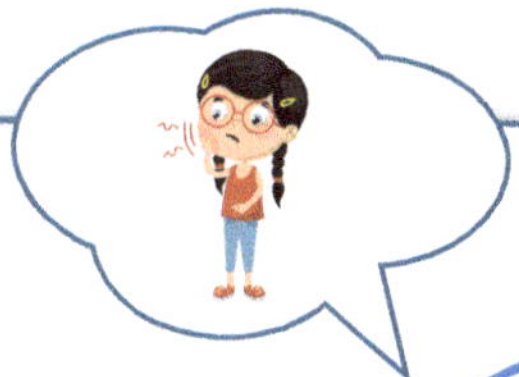

Je li sve uredu s tobom?
Nije, boli me stomak.
Šta te boli?
Boli me zub. Vjerovatno je pokvaren.

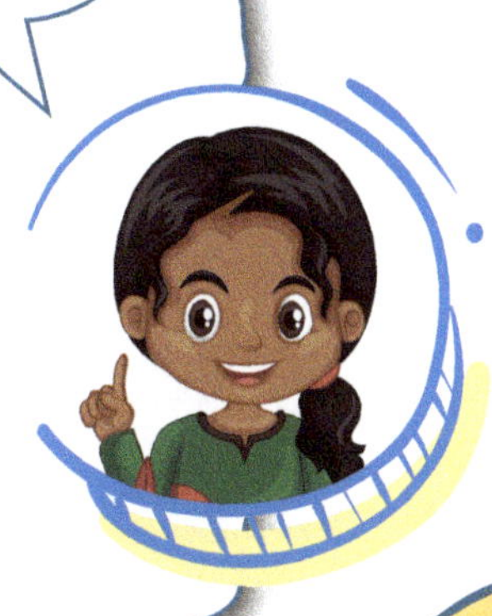

POVREDE

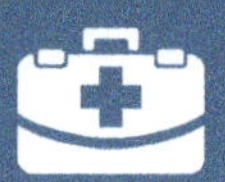

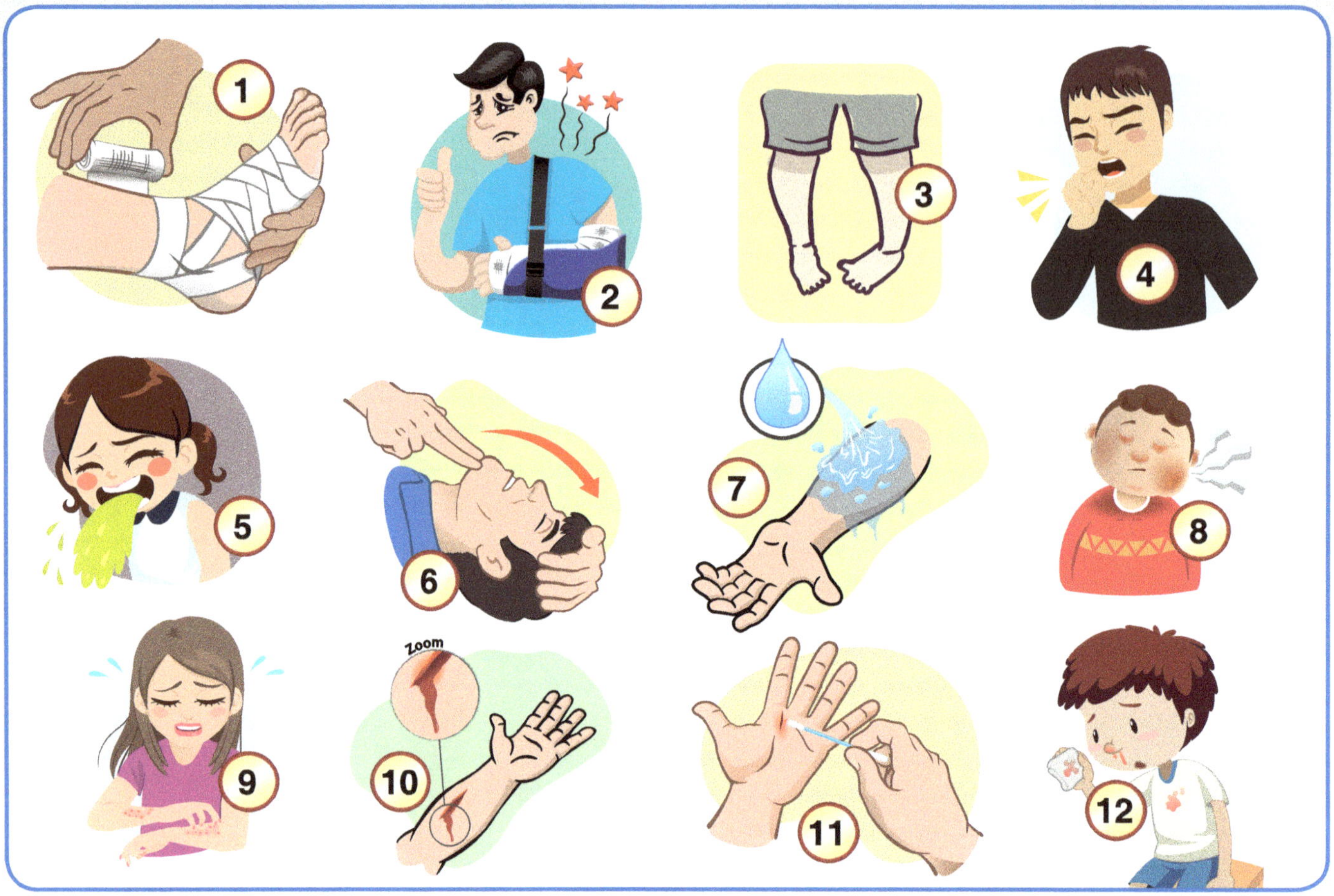

1. Uganuti nogu
2. Slomiti ruku
3. Uvrnuti
4. Kašljati
5. Povratiti / povraćati
6. Onesvijestiti se / pasti u nesvijest
7. Opeći se
8. Oteći
9. Svrbiti
10. Porezati se
11. Ogrebati se
12. Krvariti

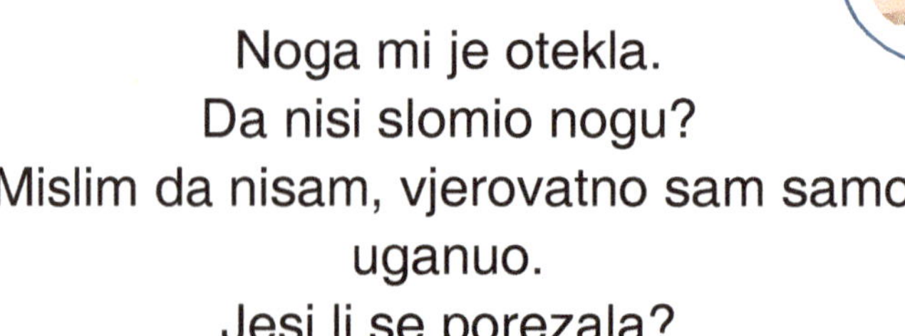

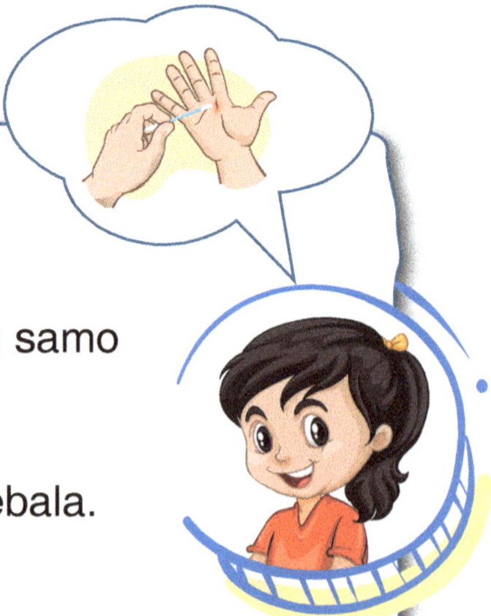

Noga mi je otekla.
Da nisi slomio nogu?
Mislim da nisam, vjerovatno sam samo uganuo.
Jesi li se porezala?
Nisam, samo sam se malo ogrebala.
Da li krvariš?
Ne.

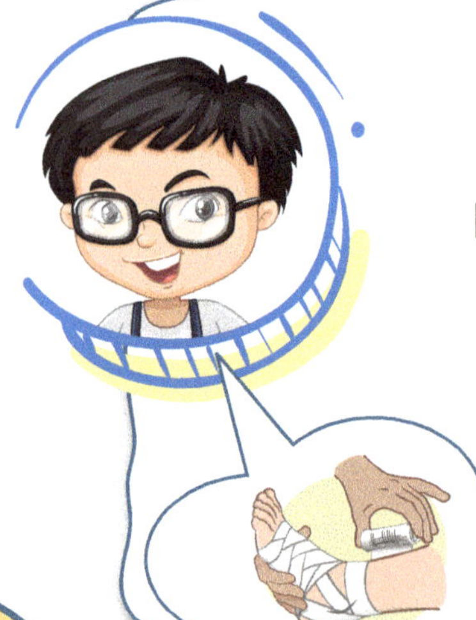

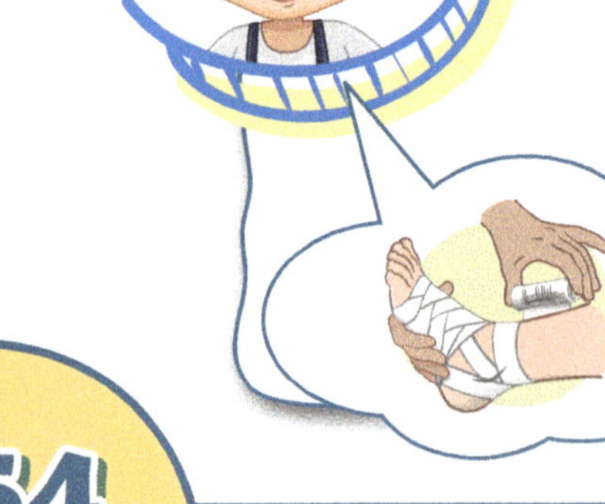

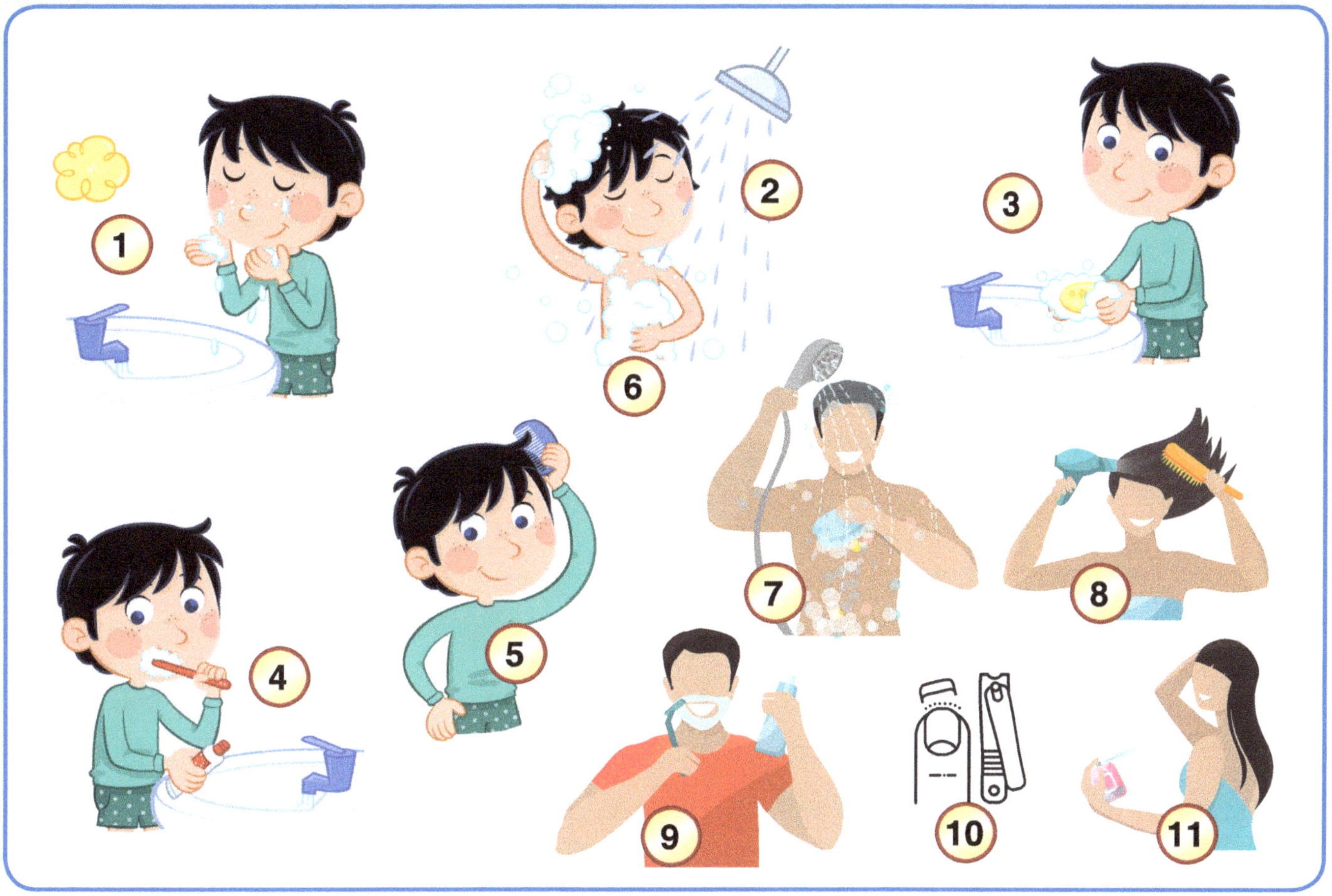

1. Umiti se
2. Okupati se
3. Oprati
4. Oprati zube
5. Počešljati se
6. Nasapunjati
7. Istuširati se
8. Osušiti kosu
9. Obrijati se
10. Odsjeći nokte
11. Staviti dezodorans

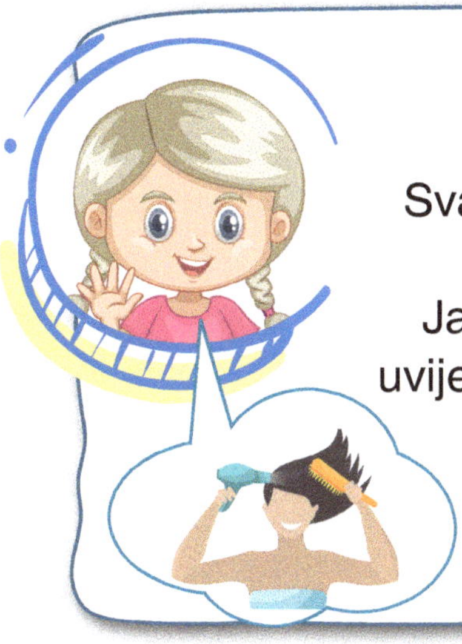

Svako jutro kad ustanem, ja se umijem, operem zube i obrijem.
Ja se redovno istuširam, ali ne perem uvijek kosu, jer mi treba puno vremena da je osušim.

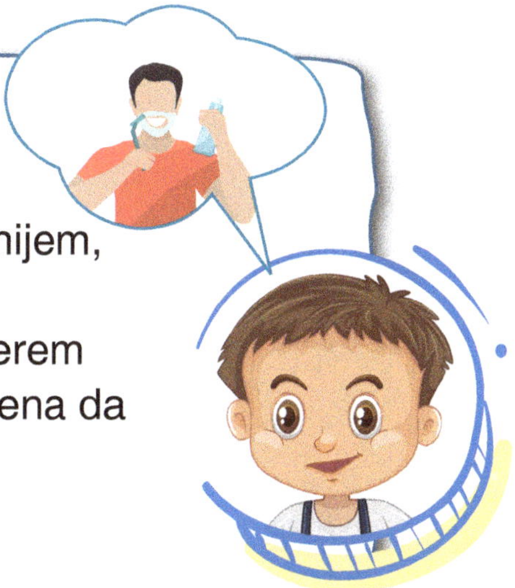

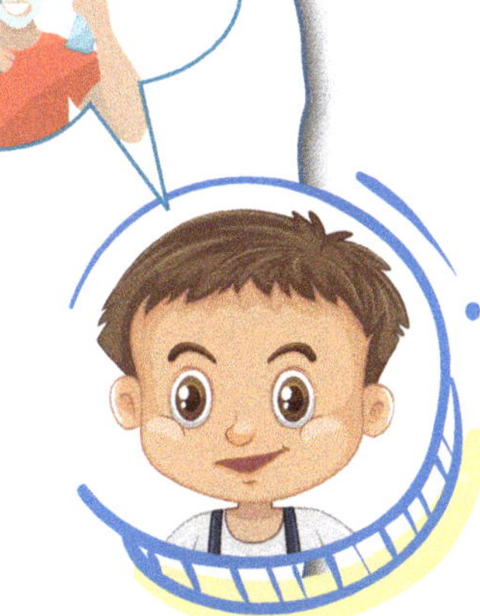

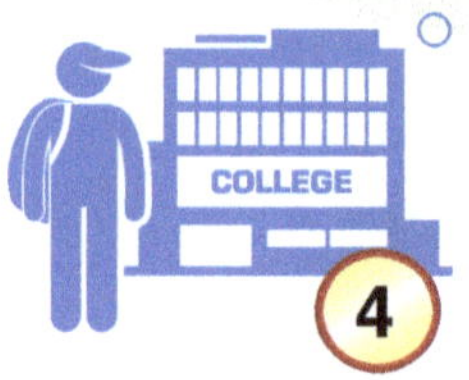

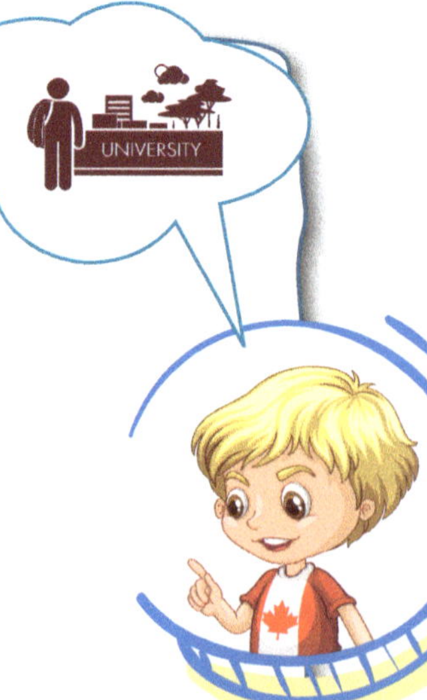

1. Obdanište
2. Osnovna škola
3. Srednja škola
4. Fakultet
5. Univerzitet

6. Učionica
7. Hodnik
8. Sala za sastanke
9. Fiskulturna sala
10. Direktor škole

11. Učitelj
12. Domar
13. Biblioteka
14. Bibliotekar

Gdje Vi radite?
Ja radim u osnovnoj školi kao učiteljica.
A Vi?
Ja predajem na fakultetu.
Gdje je direktor škole?
On je u sali za sastanke.
A gdje je učitelj?
Učitelj je u biblioteci sa bibliotekarom.

1. Livada
2. Rijeka
3. Brdo
4. Planina
5. Šuma
6. Drvo
7. Lišće
8. Jezero
9. Bara
10. Potok
11. Vodopad
12. Ostrvo

Pored naše livade ima jedno lijepo jezero.
Na našoj rijeci ima jedan mali vodopad.
Juče smo išli na planinu.
Mi smo bili na jezeru.
Iznad moje kuće ima jedno brdo.

1. Učitelj
2. Policajac
3. Vatrogasac
4. Konobar
5. Arhitekt
6. Glumac
7. Zidar
8. Pekar
9. Vodoinstalater
10. Električar

Moj otac je policajac.
Šta radi tvoj otac?
On je zidar, a moj brat je arhitekt.
Moj brat je vatrogasac.

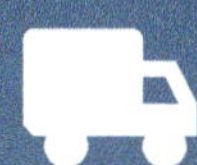

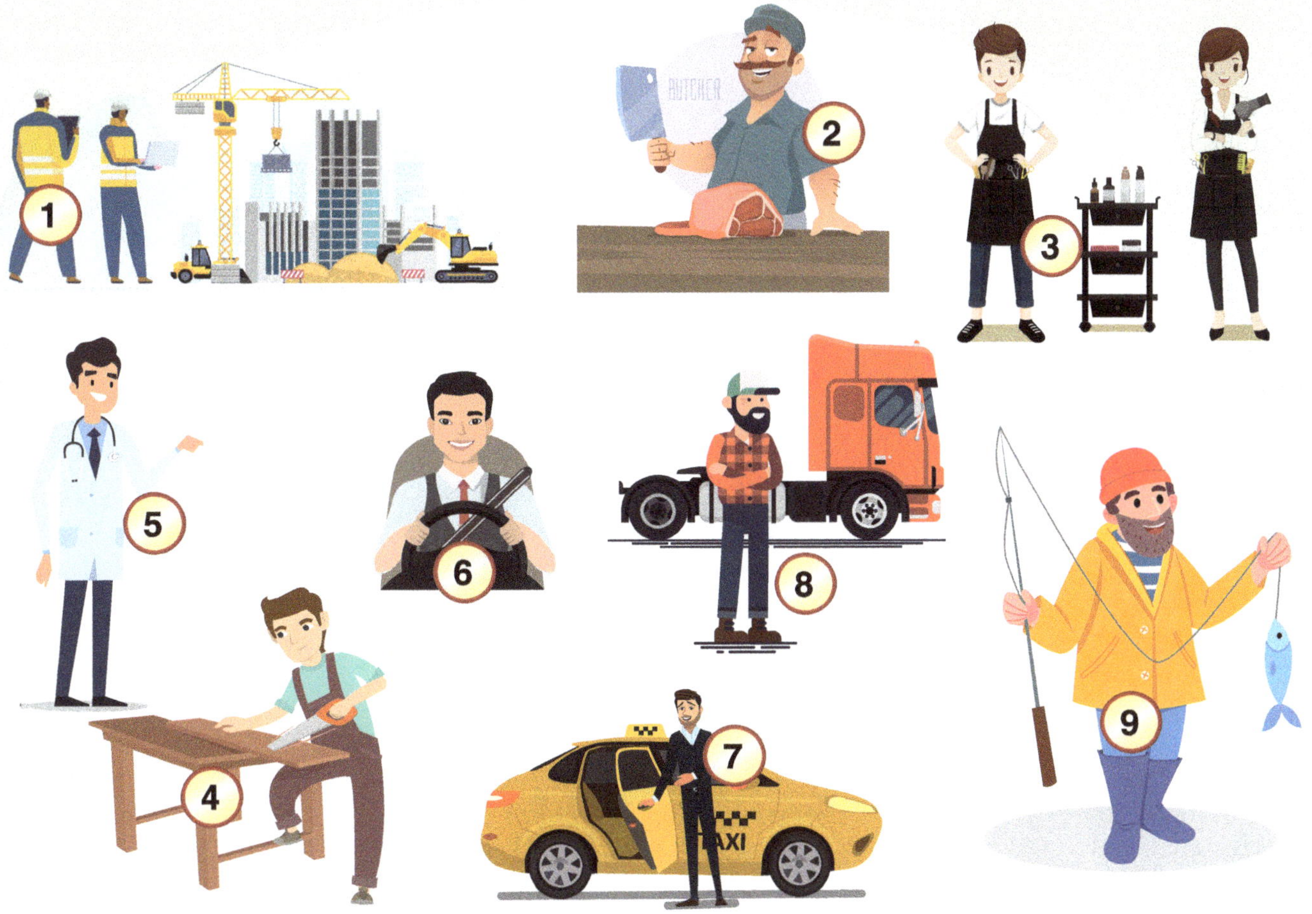

1. Inženjer
2. Mesar
3. Frizer / brico
4. Tesar
5. Ljekar / doktor
6. Vozač
7. Taksi-vozač
8. Vozač kamiona
9. Ribar

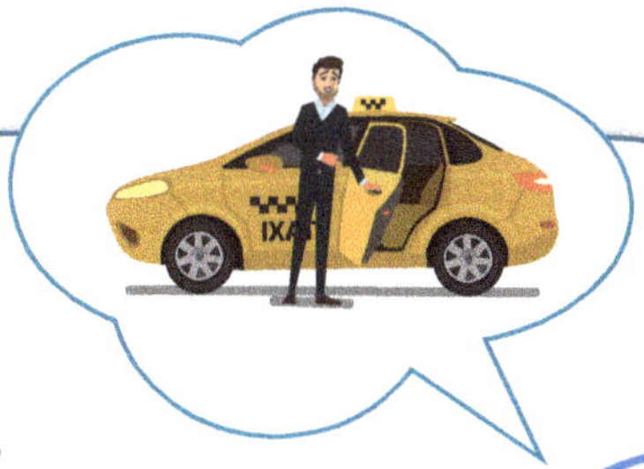

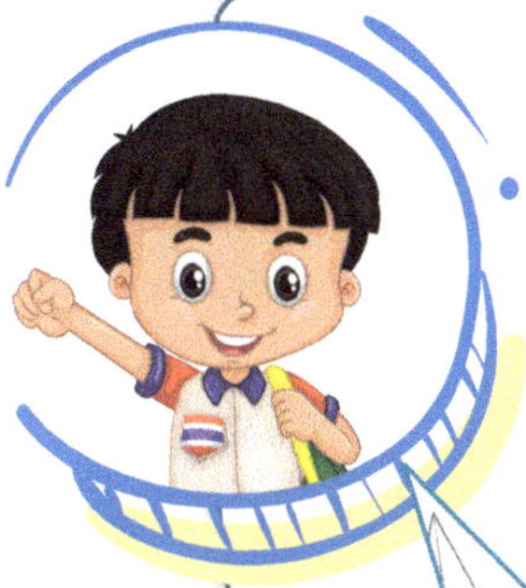

Moj komšija je ribar.
Juče je upecao jednu veliku ribu.
Da li ste Vi vozač kamiona?
Ne, ja sam taksi-vozač.

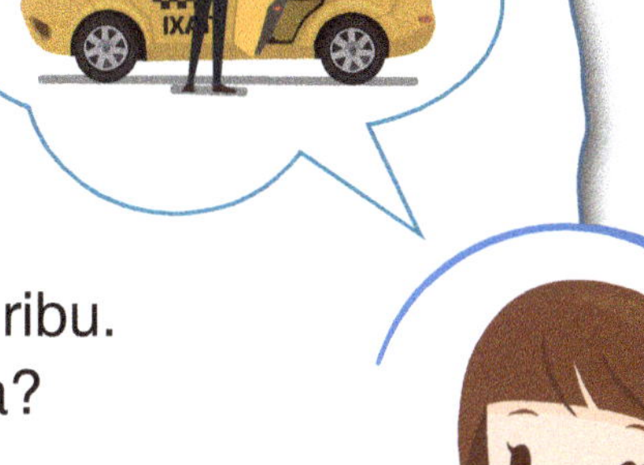

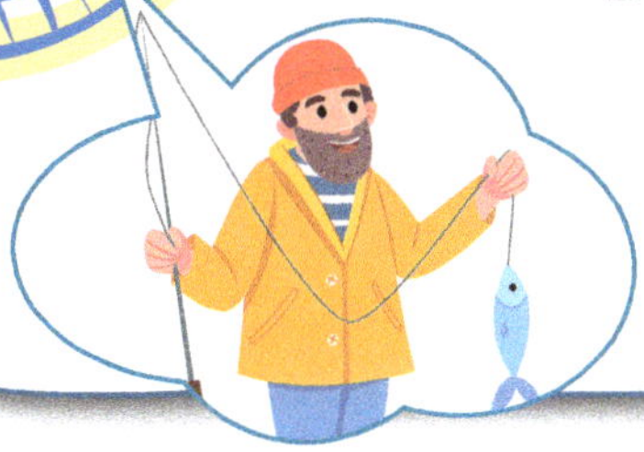

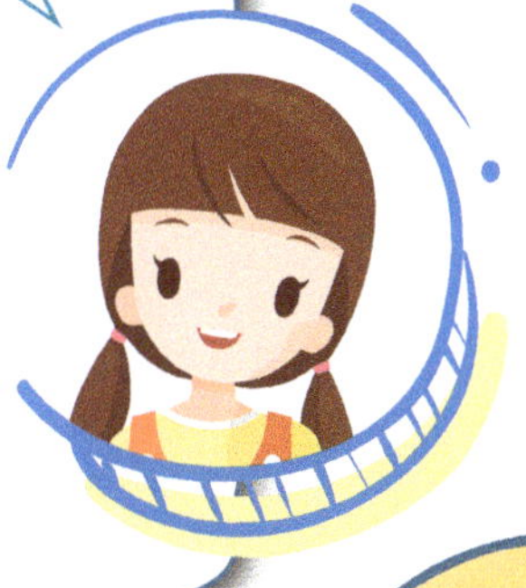

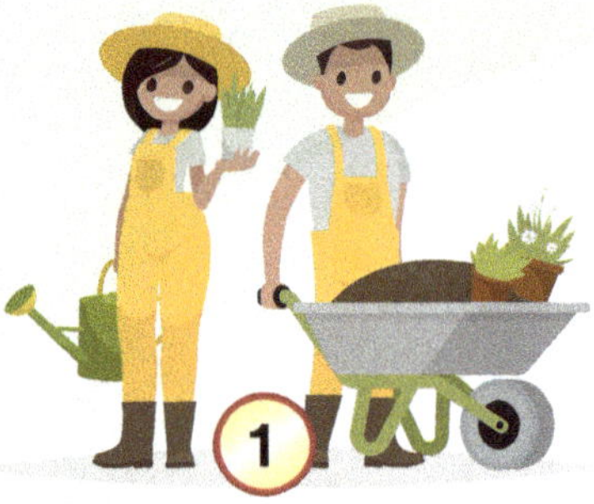

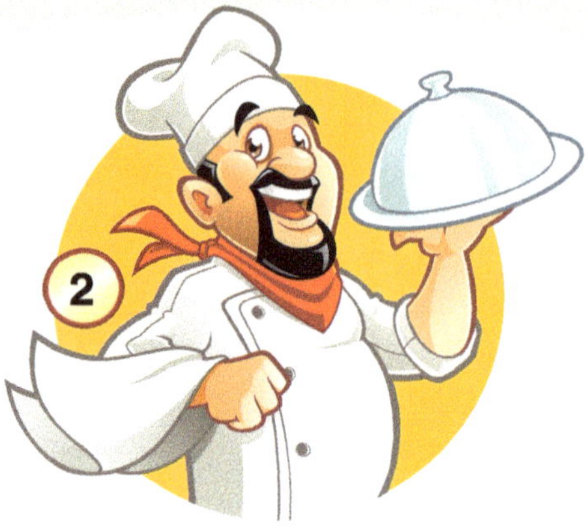

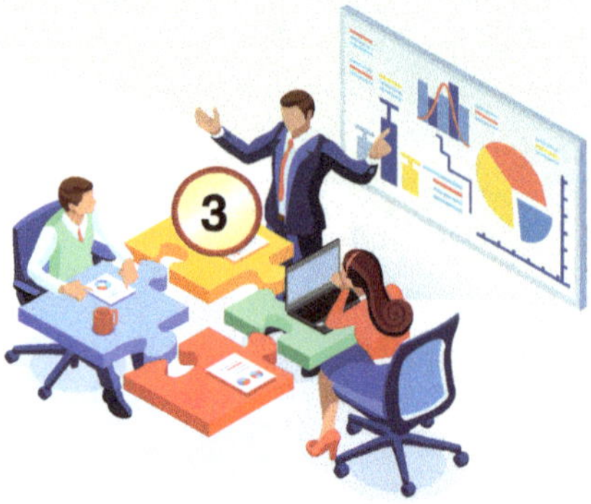

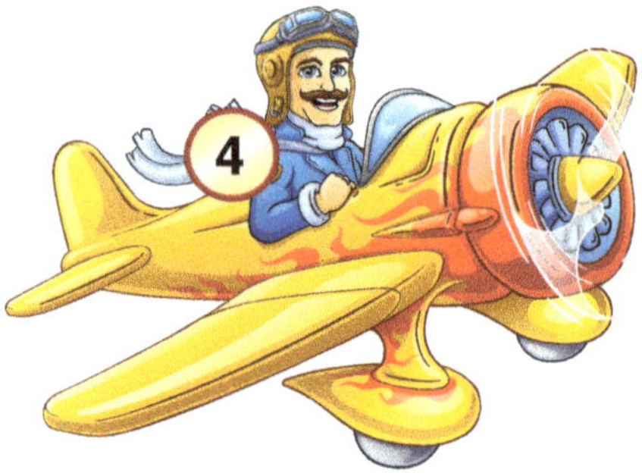

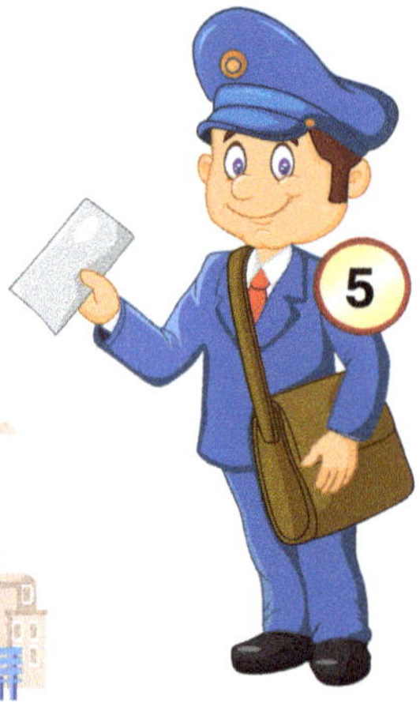

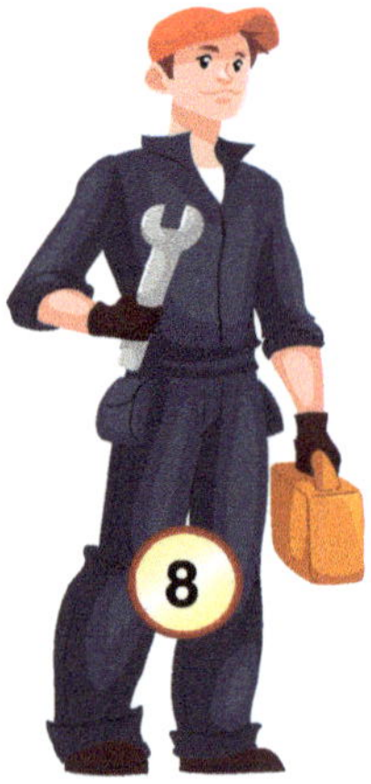

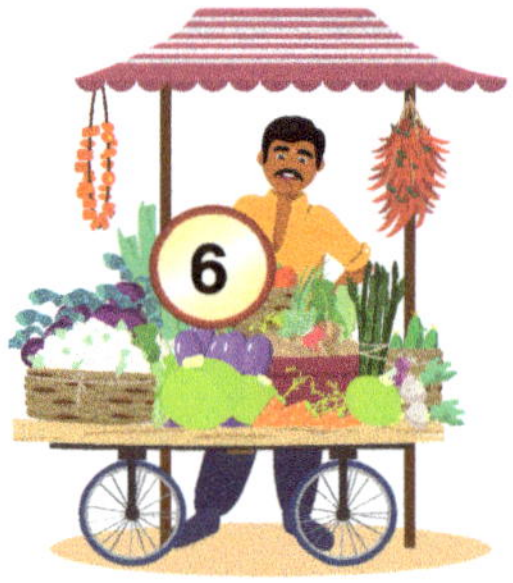

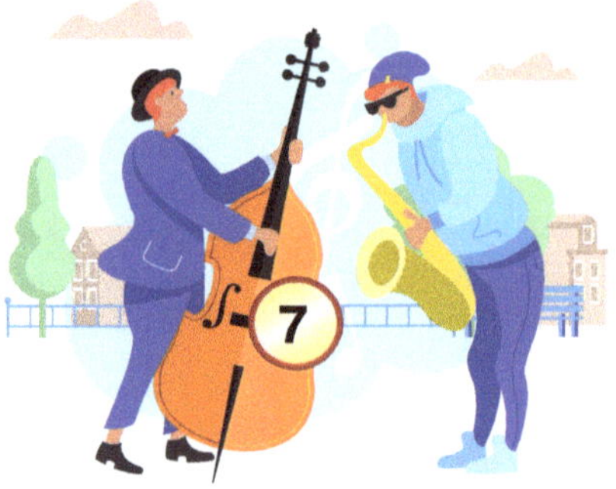

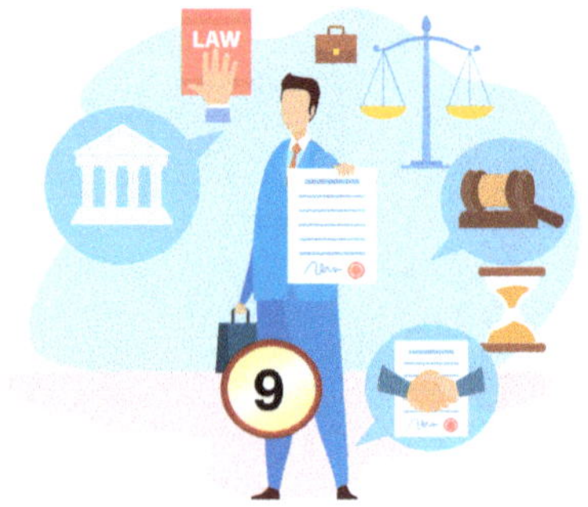

1. Baštovan
2. Kuhar
3. Menadžer
4. Pilot
5. Poštar
6. Trgovac
7. Muzičar
8. Mehaničar
9. Advokat

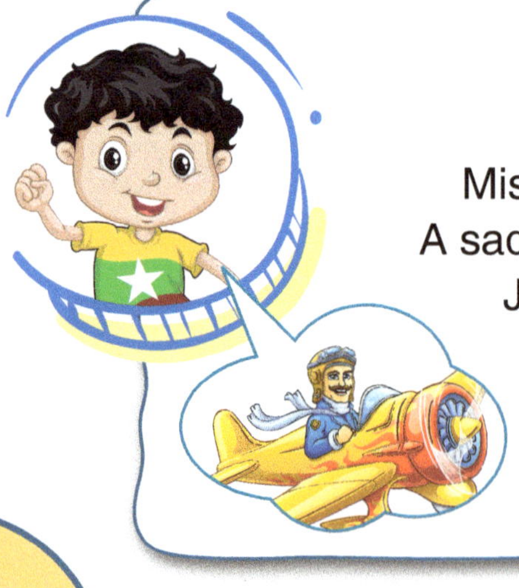

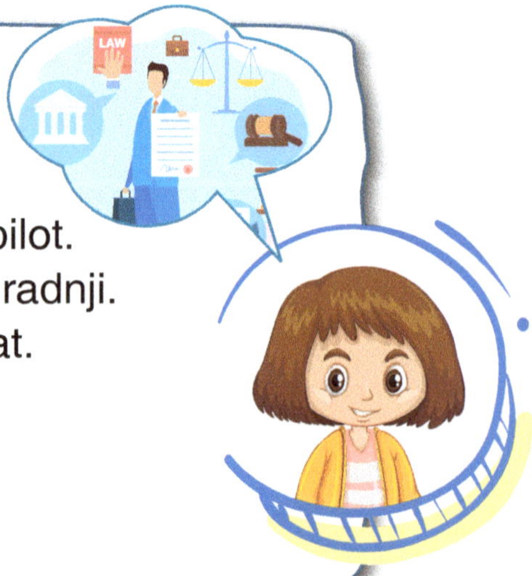

Mislio sam kad odrastem postati pilot.
A sad bih više volio biti menadžer u radnji.
Ja sam uvijek željela biti advokat.
Nadam se da ću to i postati.

1. Novinar
2. Pisac
3. Komunalni radnik
4. Sekretarica
5. Prevodilac
6. Veterinar
7. Imam / Hodža
8. Pop / Sveštenik

1. Kuhati
2. Čistiti
3. Prati
4. Peglati
5. Sklopiti
6. Napraviti
7. Popraviti
8. Prodati
9. Služiti

1. Pisati	4. Pjevati	7. Voziti
2. Podučavati	5. Pričati	8. Crtati
3. Brinuti se o	6. Slušati	9. Obojiti

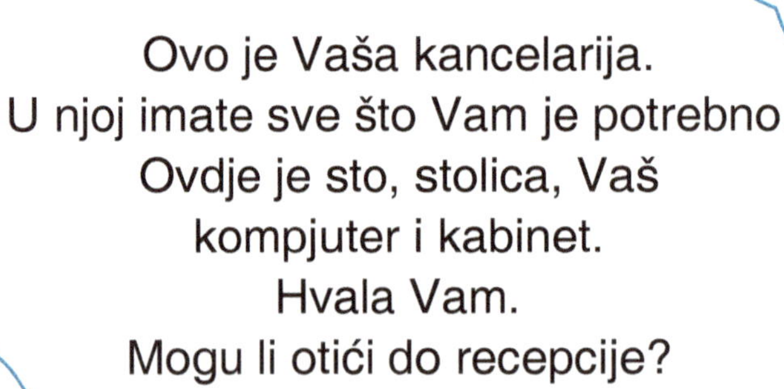

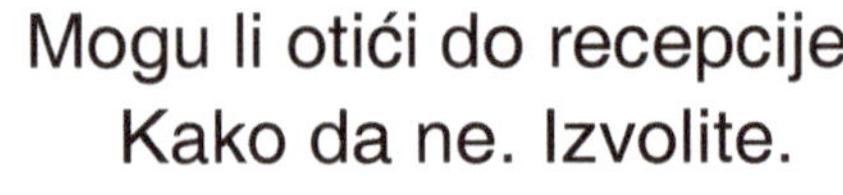

1. Kancelarija
2. Kompjuter / Računar
3. Sto
4. Stolica
5. Radnik
6. Recepcija
7. Kabinet

Ovo je Vaša kancelarija.
U njoj imate sve što Vam je potrebno.
Ovdje je sto, stolica, Vaš
kompjuter i kabinet.
Hvala Vam.
Mogu li otići do recepcije?
Kako da ne. Izvolite.

1. Papir
2. Spajalica
3. Kalendar
4. Pečat
5. Ljepilo
6. Olovka
7. Koverta

1. bez	4. ispod	7. između
2. blizu	5. iz	8. iznad
3. do	6. iza	9. izvan

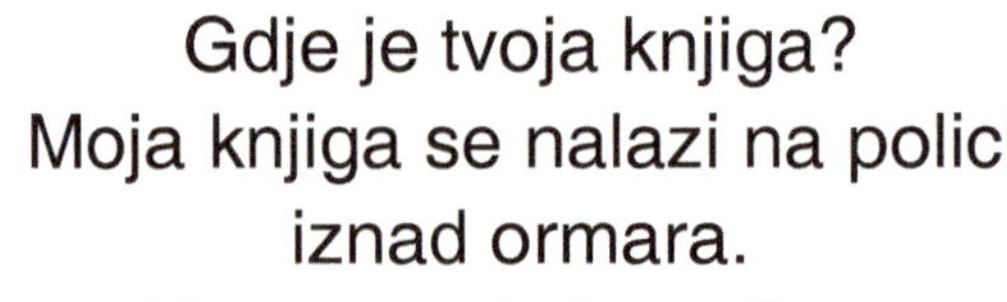

1. kod	4. oko	7. poslije
2. nakon	5. pokraj	8. preko
3. od	6. pored	9. prije

Da li je mačka preskočila preko stola?
Jeste.
A gdje je sada.
Eno je pokraj kreveta.
Šta radi?
Odmara se nakon ručka.

1. k(a)
2. nasuprot
3. kroz
4. među
5. na
6. nad
7. niz

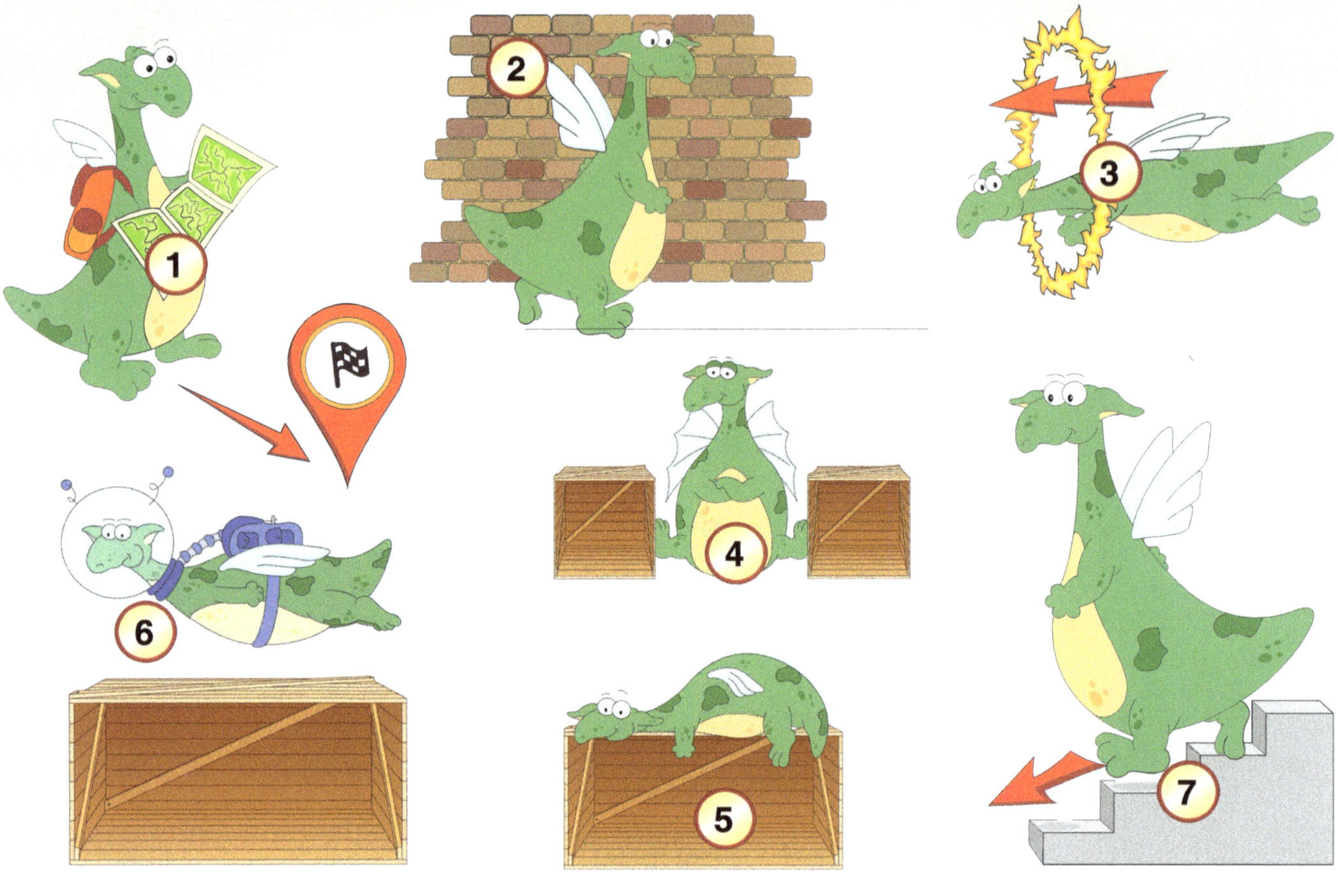

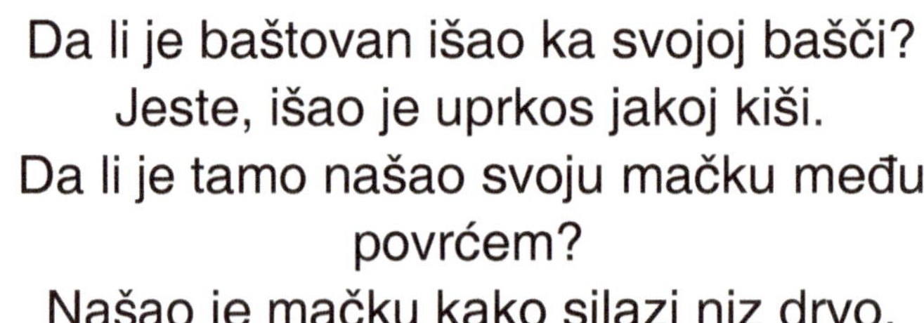

1. po	3. pred	5. uz
2. pod	4. u	6. prema

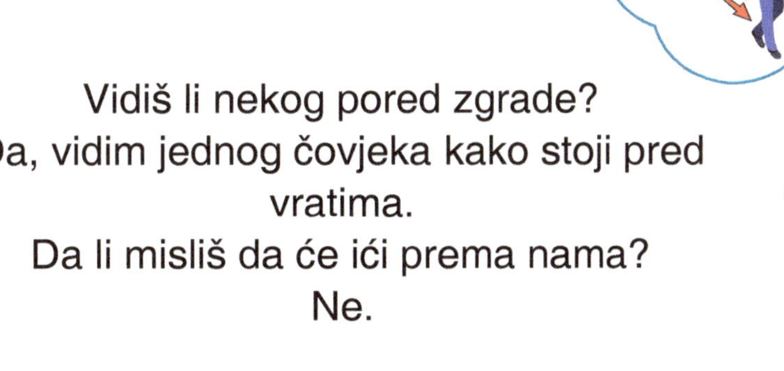

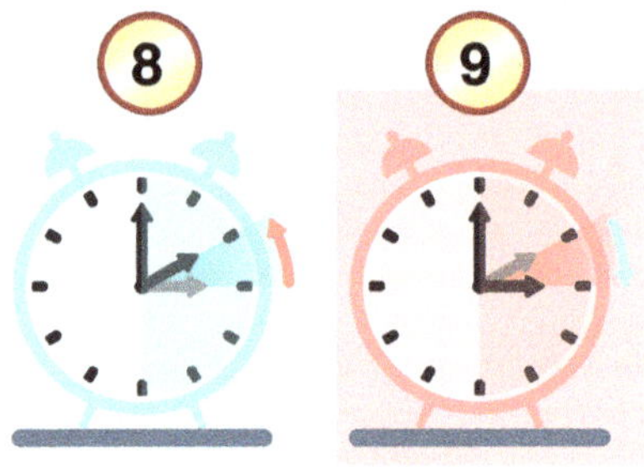

1. Sjever
2. Jug
3. Zapad
4. Istok
5. Desno
6. Lijevo
7. Pravo
8. Nazad
9. Naprijed
10. Stani
11. Skreni
12. Idi
13. Vrati se

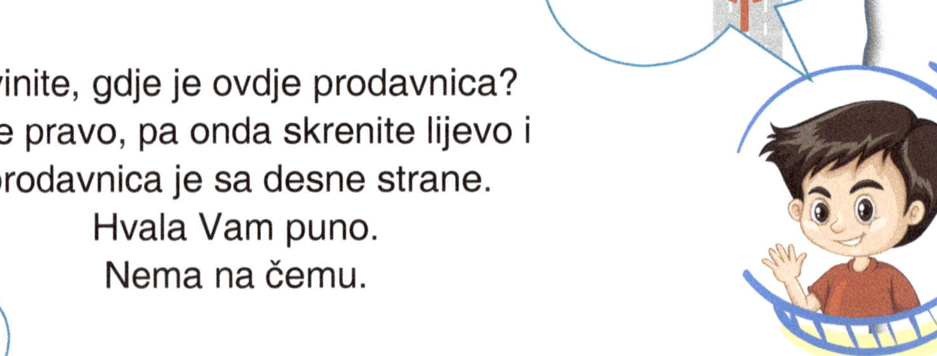

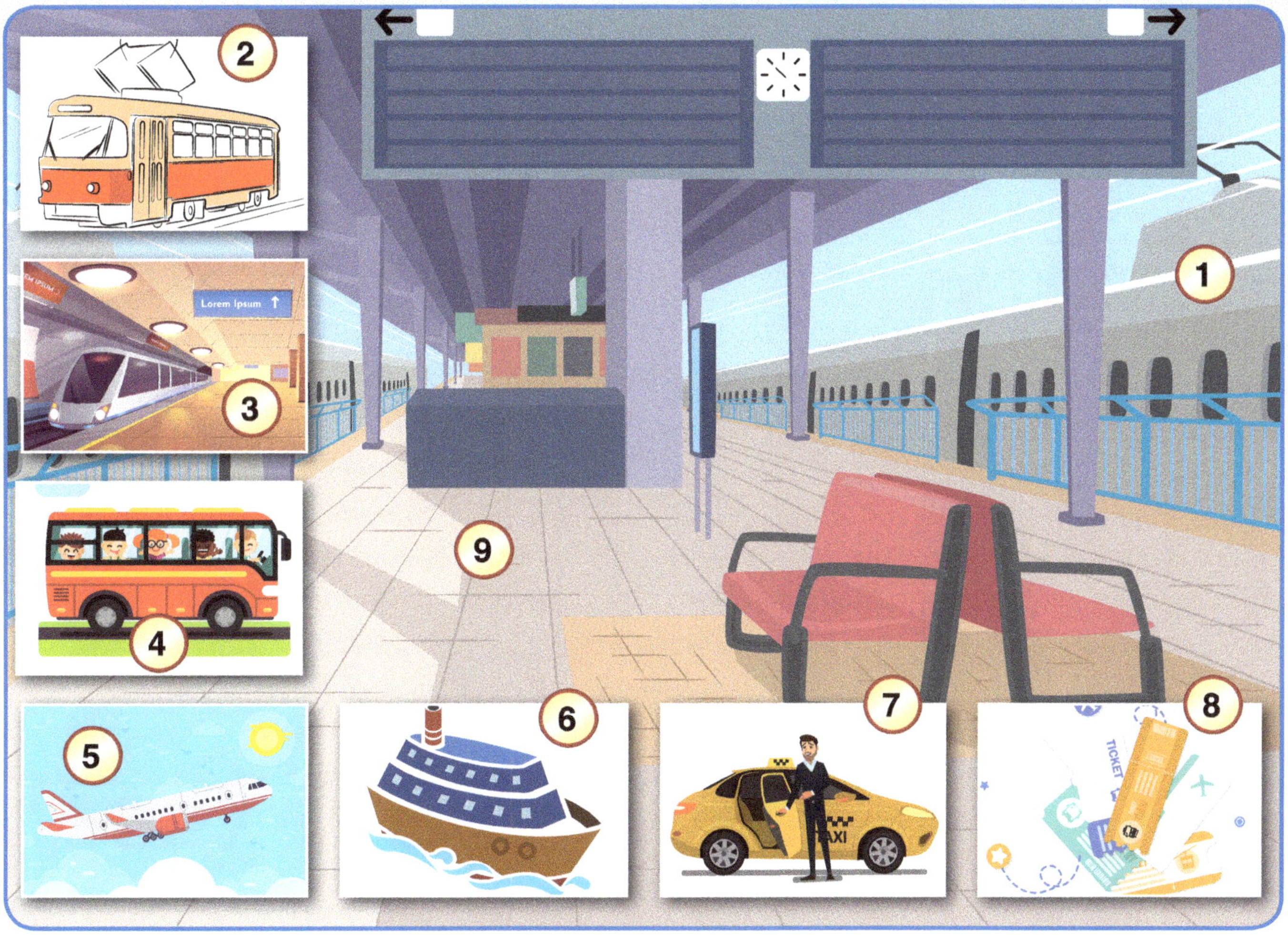

1. Voz
2. Tramvaj
3. Podzemna

4. Autobus
5. Avion
6. Brod

7. Taksi
8. Karta
9. Stanica

Gdje se nalazi tramvajska stanica?
Idite samo pravo.
Kad kreće voz?
Voz kreće za deset minuta.
Morate požuriti kupiti kartu.

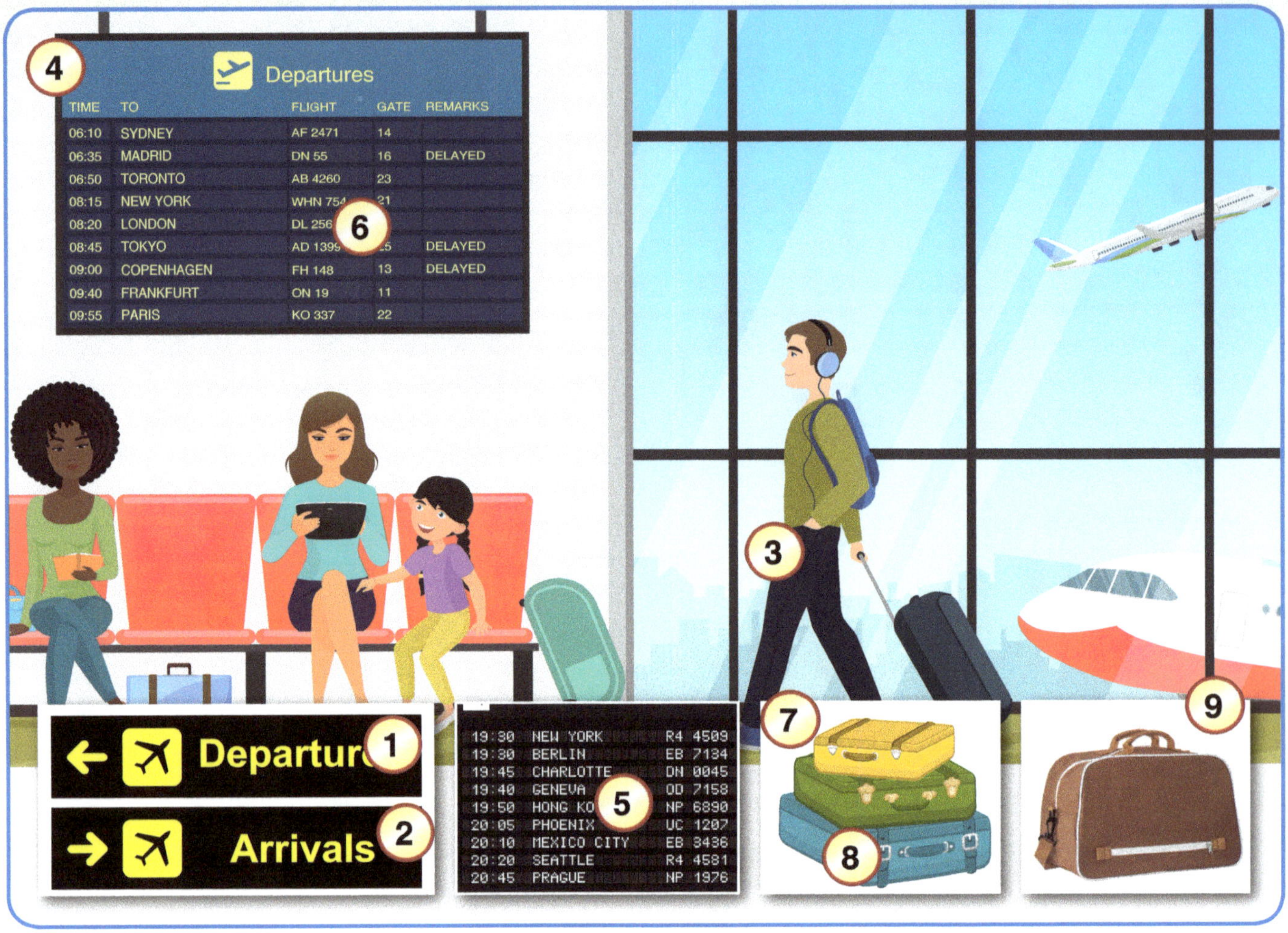

TIME	TO	FLIGHT	GATE	REMARKS
06:10	SYDNEY	AF 2471	14	
06:35	MADRID	DN 55	16	DELAYED
06:50	TORONTO	AB 4260	23	
08:15	NEW YORK	WHN 754	21	
08:20	LONDON	DL 256		
08:45	TOKYO	AD 1395	25	DELAYED
09:00	COPENHAGEN	FH 148	13	DELAYED
09:40	FRANKFURT	ON 19	11	
09:55	PARIS	KO 337	22	

19:30	NEW YORK	R4 4509
19:30	BERLIN	EB 7134
19:45	CHARLOTTE	DN 0045
19:40	GENEVA	OD 7158
19:50	HONG KONG	NP 6890
20:05	PHOENIX	UC 1207
20:10	MEXICO CITY	EB 3436
20:20	SEATTLE	R4 4581
20:45	PRAGUE	NP 1976

1. Polazak
2. Dolazak
3. Putnik
4. Oglasna tabla
5. Raspored vožnje
6. Raspored leta
7. Prtljag
8. Kofer
9. Torba

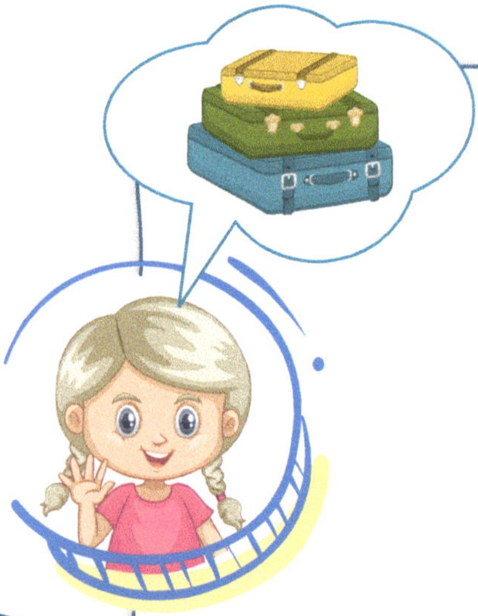

Na oglasnoj tabli piše da je polazak u deset sati i trideset minuta.
Kad je dolazak?
Ne znam. Morat ćemo nekoga pitati.
Gdje je Vaš prljag?
Već sam ga predao. Imam samo jednu torbu.

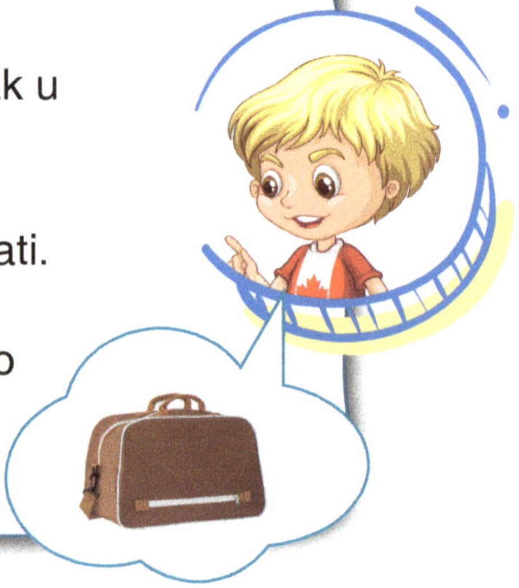

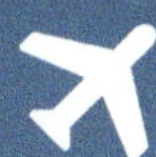

NA AERODROMU

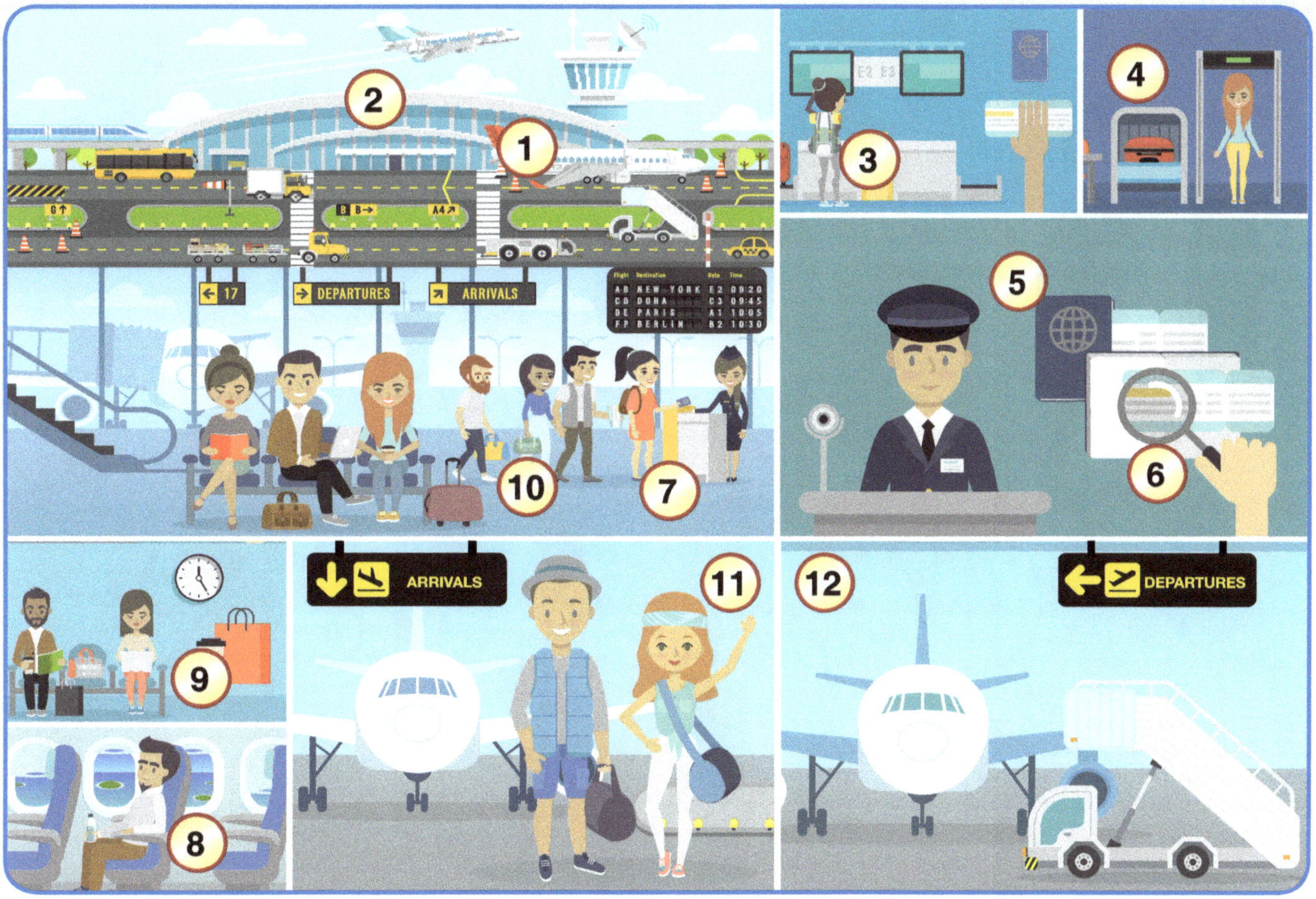

1.	Avion	5.	Pasoš	9.	Čekaonica
2.	Aerodrom	6.	Karta	10.	Ukrcavanje
3.	Prijava	7.	Pasoška kontrola	11.	Dolazak
4.	Kofer	8.	Let	12.	Polazak

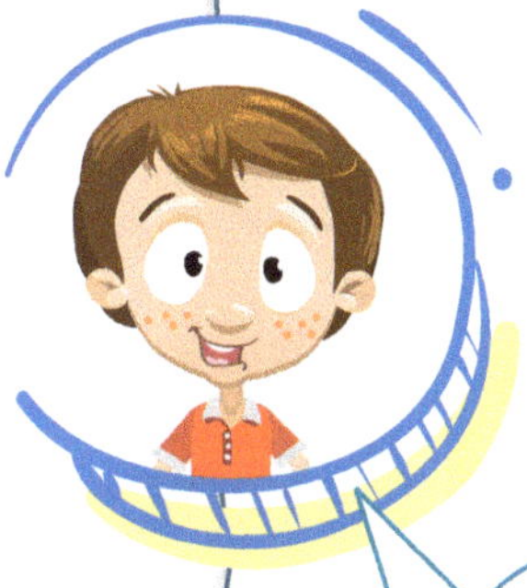

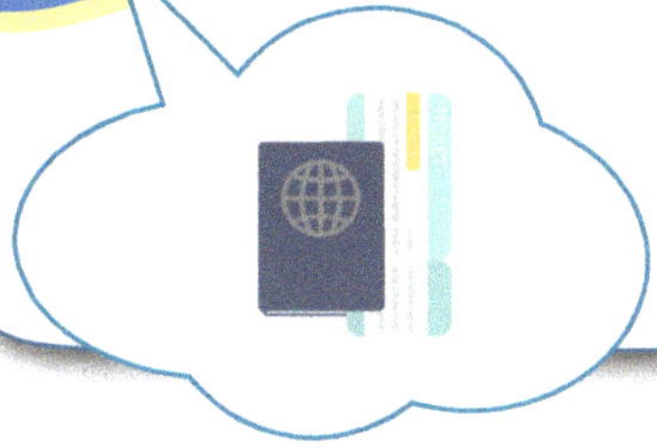

Kartu i pasoš, molim! Izvolite.
Vaš broj leta je 234. Na Vaše odredište dolazite u dva sata i trideset minuta.
Hvala. A gdje je pasoška kontrola?
Idite samo pravo, nećete pogriješiti.
Hvala još jednom.
Sretno!

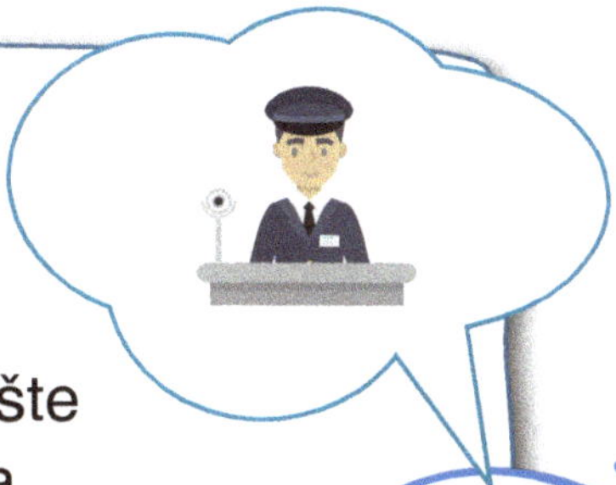

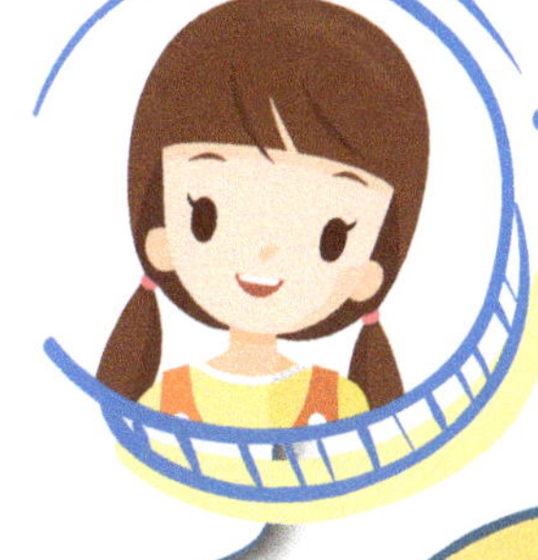

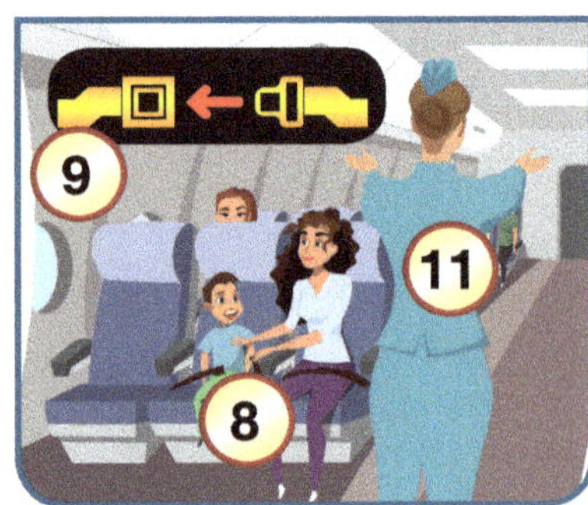

1. Sjedište	6. Do prozora	11. Sjedi na svoje mjesto
2. Stjuardesa	7. U sredini	12. Ostavi torbu iznad
3. Prtljag	8. Pojas	
4. Pilot	9. Sveži pojas	
5. Aerodromska pista	10. Uđi u avion	

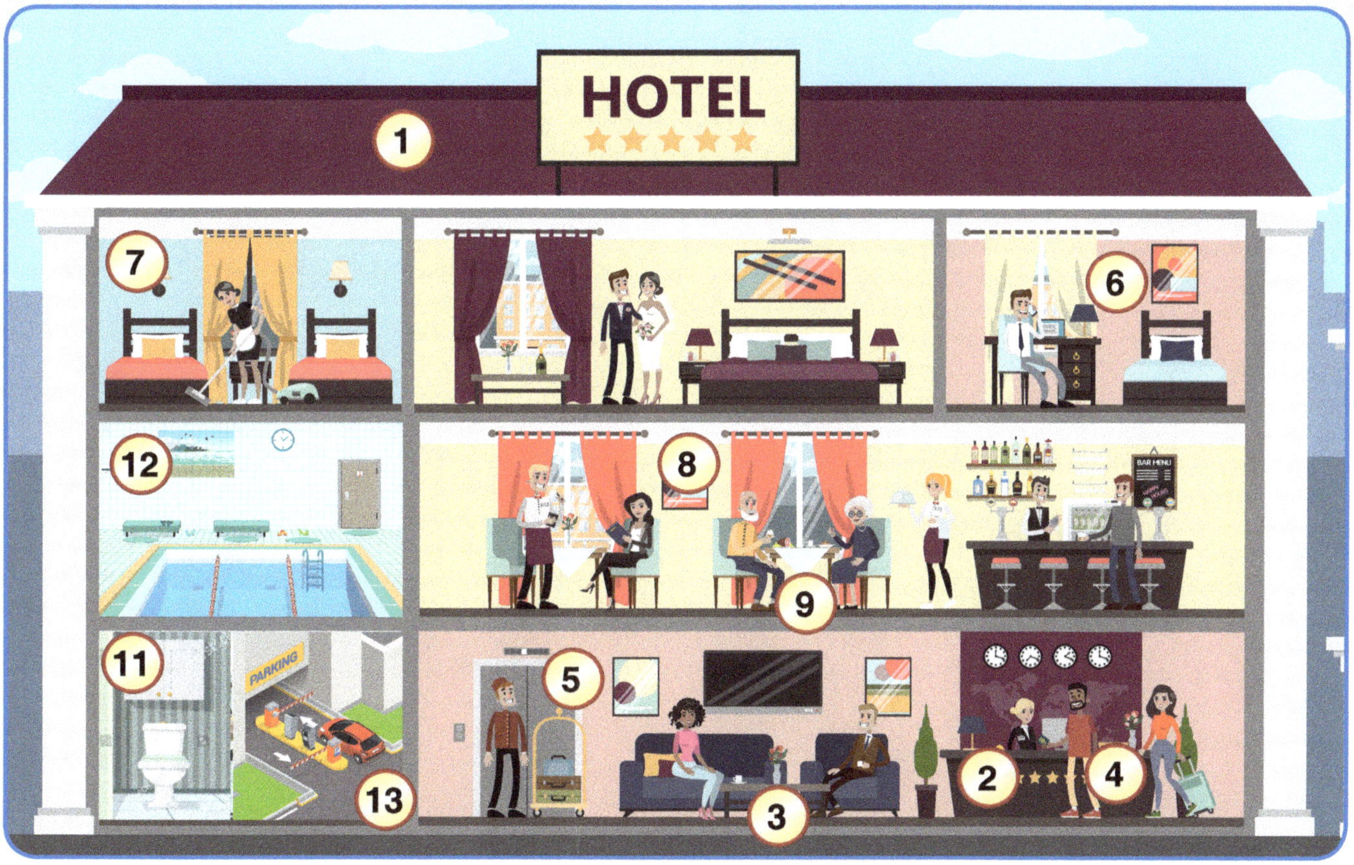

1. Hotel
2. Recepcija
3. Lobi
4. Gost
5. Lift
6. Hotelska soba
7. Dvokrevetna soba
8. Jednokrevetna soba
9. Smještaj sa doručkom
10. Restoran
11. WC
12. Bazen
13. Parking

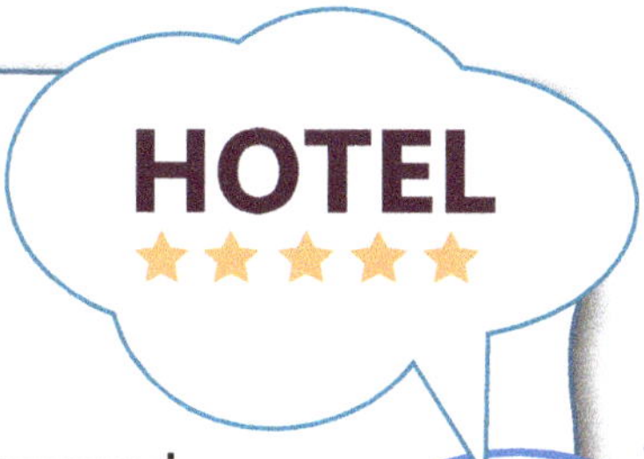

Dobro došli u naš hotel.
Kako Vam možemo pomoći.
Ja imam rezervaciju na ime ____________.
Ah da, vidim da ste rezervirali dvokrevetnu sobu sa doručkom na dvije noći.
Jeste.
Molim Vas Vašu ličnu kartu i kreditnu karticu. Hvala.

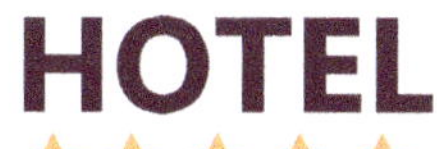

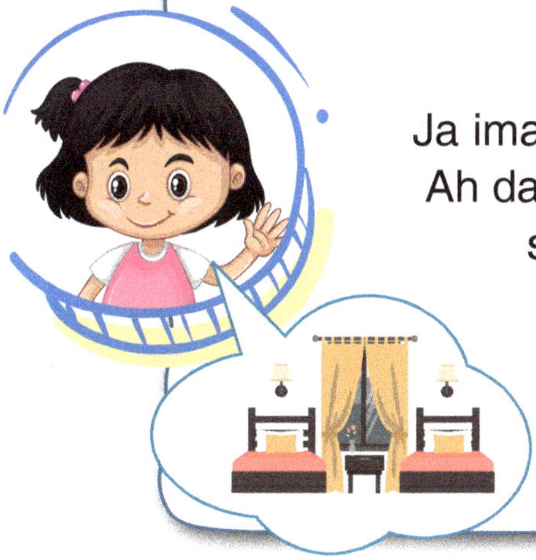

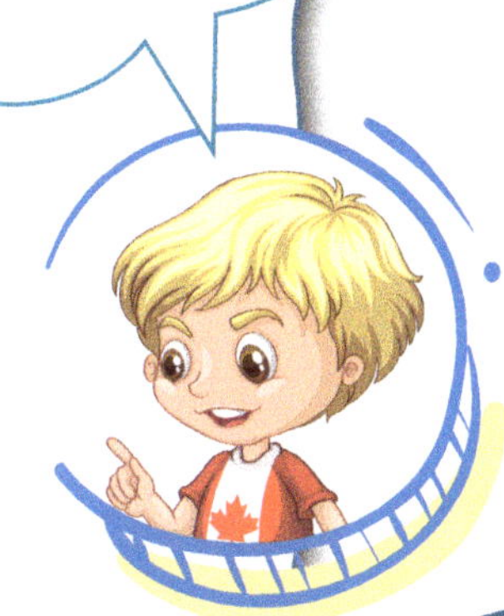

1. Trčati
2. Voziti bicikl
3. Šetati
4. Igrati fudbal / nogomet
5. Kuglati
6. Igrati tenis
7. Jahati konja

Da bi igrao dobro fudbal, moraš puno trčati.
Da, ja trčim svaki dan više od sat vremena.
Uz to, vozim bicikl svako drugi dan, a jednom sedmično igram i tenis.
To je odlično, nadam se da si u dobroj formi.

1. Vježbati
2. Ići u teretanu
3. Dizati tegove
4. Hrvati se
5. Igrati golf
6. Boksati

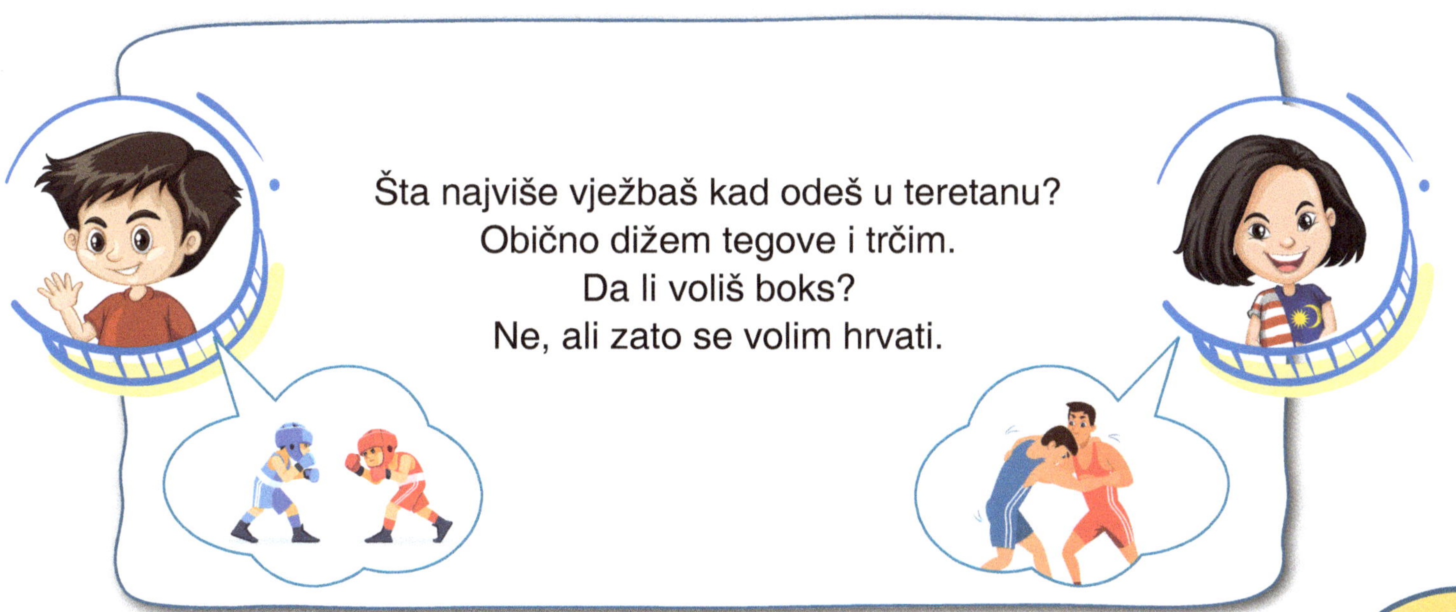

1. Fudbal
2. Košarka
3. Odbojka
4. Gimnastika
5. Hokej
6. Bejzbol
7. Karate
8. Skijanje
9. Plivanje

1. Igrač
2. Fudbaler
3. Košarkaš
4. Odbojkaš
5. Gimnastičar
6. Karatista
7. Skijaš

Hana je veoma dobar skijaš.
Da, ona vježba redovno.
Adem je najbolji košarkaš u školi.
Da bi bio dobar košarkaš, ili bilo koji
sportista, moraš puno vježbati.

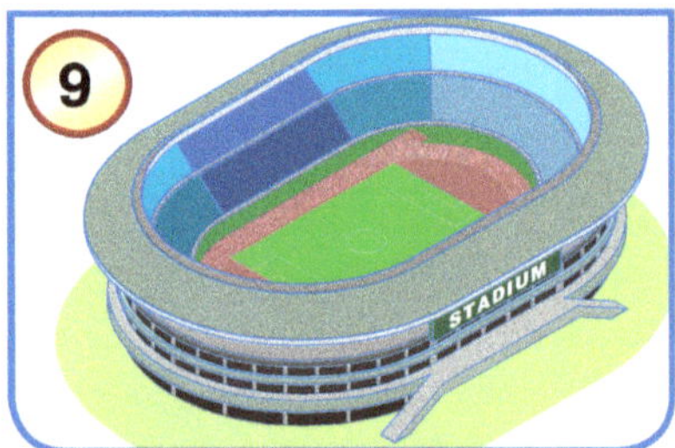

1. Grad
2. Predgrađe
3. Aerodrom
4. Bolnica
5. Kuća
6. Stan / apartman
7. Ulica
8. Semafor
9. Stadion
10. Biblioteka
11. Park
12. Igralište
13. Policijska stanica
14. Supermarket

Mi živimo u stanu u ulici koja ima
puno velikih zgrada.
Gdje vi živite?
Mi ne živimo u gradu, nego u predgrađu.
Mi živimo u kući.
Pored naše kuće ima jedan lijep
park i igralište.

1. Selo
2. Njiva
3. Žito
4. Trava
5. Seljak
6. Štala / staja
7. Ćumez
8. Košnice
9. Kuća
10. Avlija / dvorište
11. Vjetrenjača
12. Traktor
13. Kosačica
14. Ograda
15. Seoski put
16. Vrt
17. Voćnjak

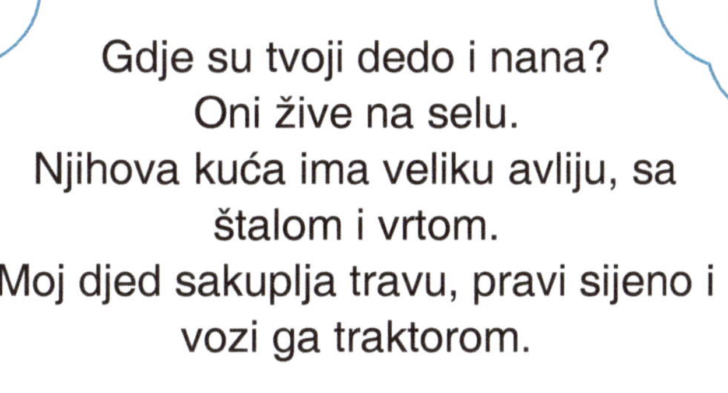

1. Krava
2. Vo
3. Tele
4. June
5. Ovca
6. Ovan
7. Janje
8. Koza
9. Jarac
10. Jare
11. Konj
12. Kobila
13. Ždrijebe

Da li tvoji roditelji imaju
životinje na farmi?
Da, oni imaju krave i telad. Ponekad
kupe i ovce i koze.
Jesi li ikada hranila konje?
Jesam, nekad su moji roditelji imali
jednog konja, kobilu i ždrijebe.

1. Kokoš
2. Pijetao / horoz
3. Pile
4. Pas / cuko
5. Kuja
6. Štene
7. Mačka / maca
8. Mačak
9. Mače
10. Guska
11. Tuka
12. Patka

Imate li vi kućnog ljubimca?
Da, mi imamo dvije mačke i jednog cuku.
Kako se zovu tvoje mačke?
Jedna se zove Žućko a druga Grašak.
Naš cuko laje svaku noć na divlje životinje.

DIVLJE ŽIVOTINJE

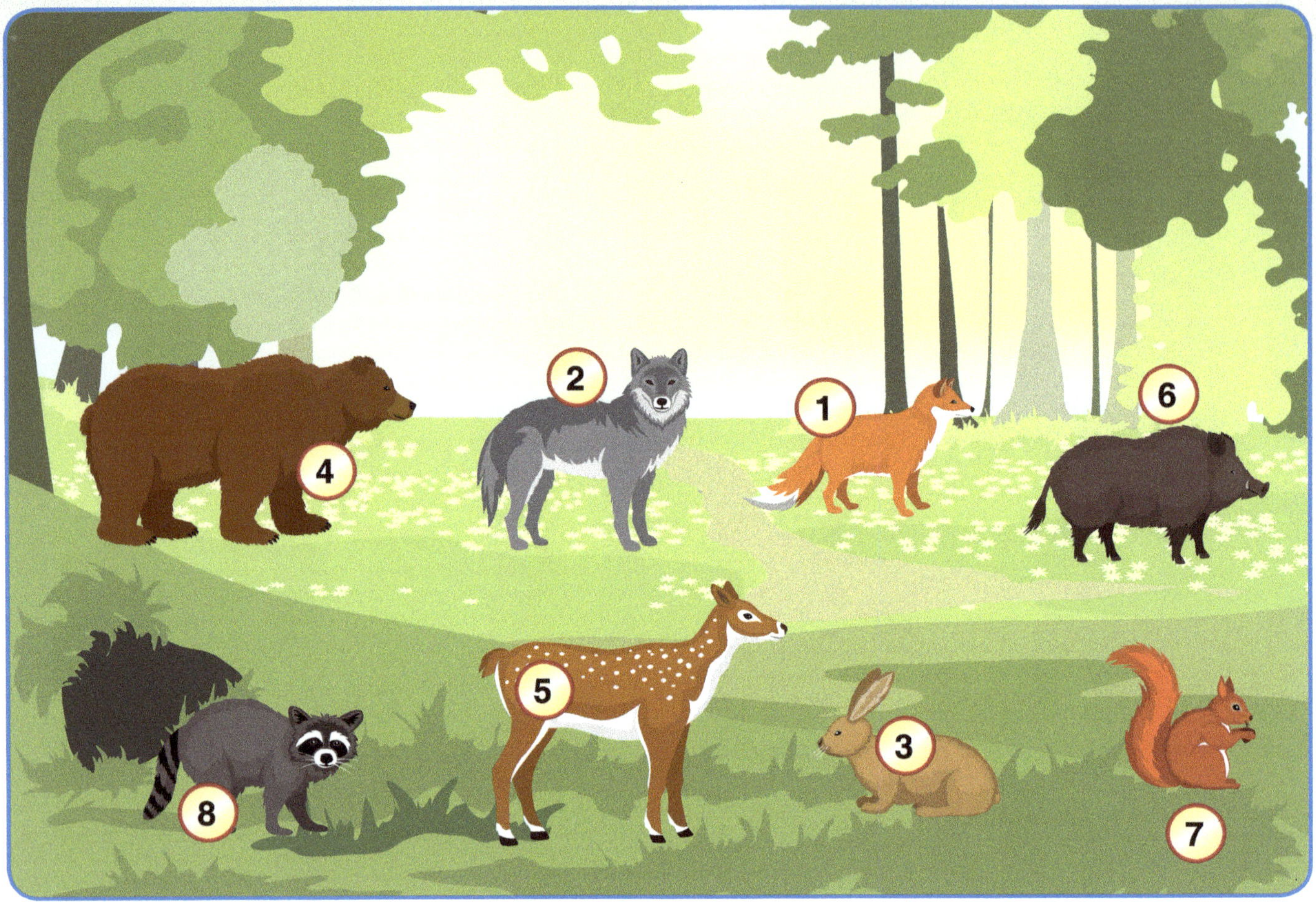

1. Lisica
2. Vuk
3. Zec
4. Medvjed
5. Srna
6. Divlja svinja
7. Vjeverica
8. Rakun

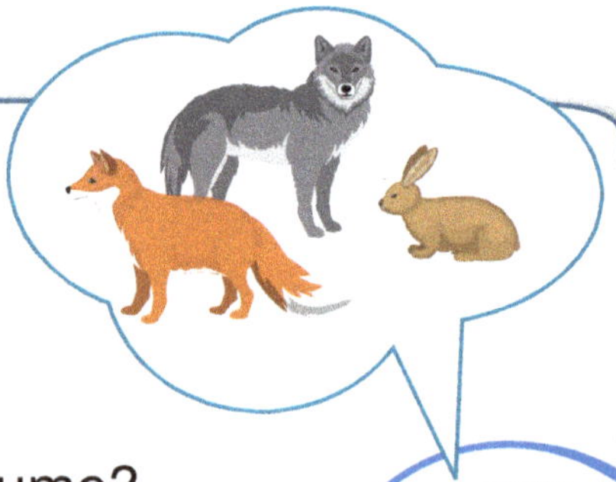

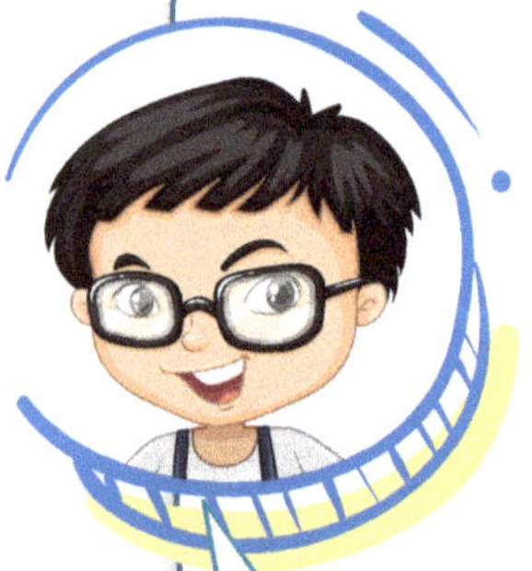

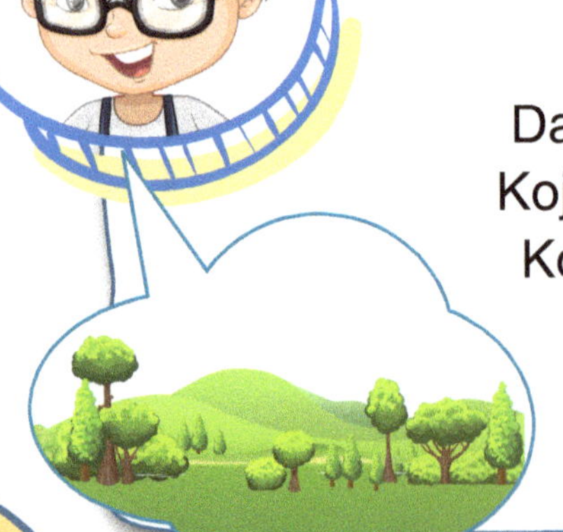

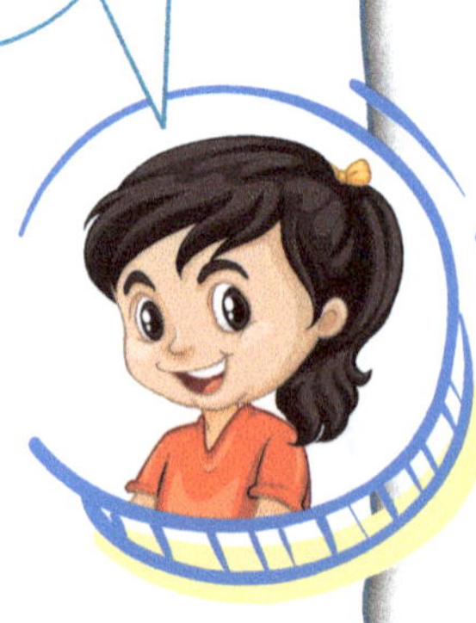

Odakle si ti?
Ja sam iz Bosne.
Je li u Bosni ima puno šume?
Da, u Bosni ima mnogo brda i šuma.
Koje su česte divlje životinje kod vas?
Kod nas ima lisica, vukova, zečeva, medvjeda i divljih svinja.

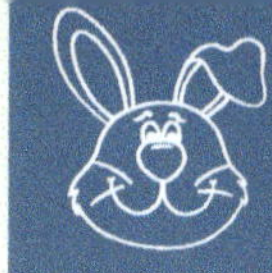

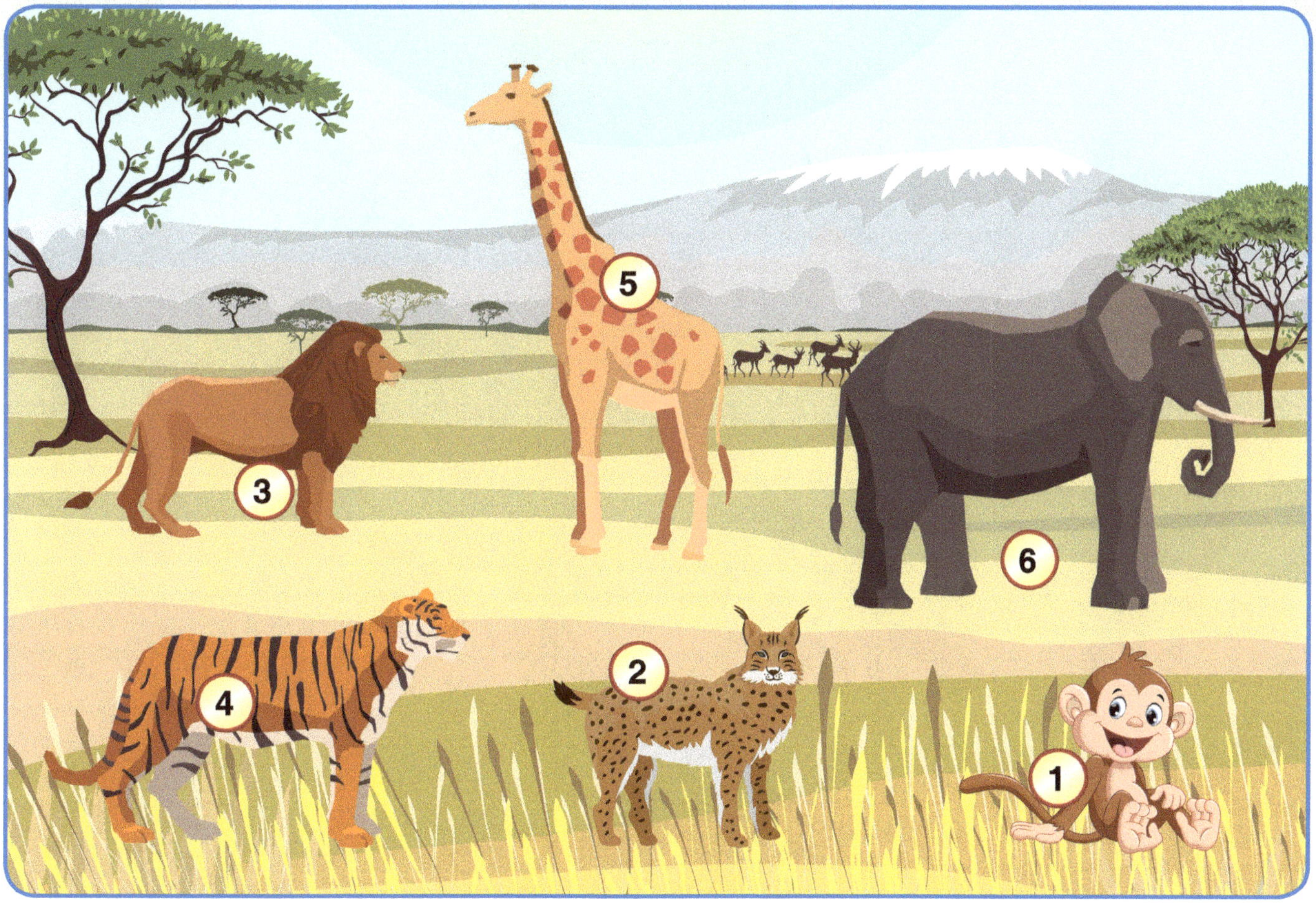

1. Majmun
2. Divlja mačka
3. Lav
4. Tigar
5. Žirafa
6. Slon

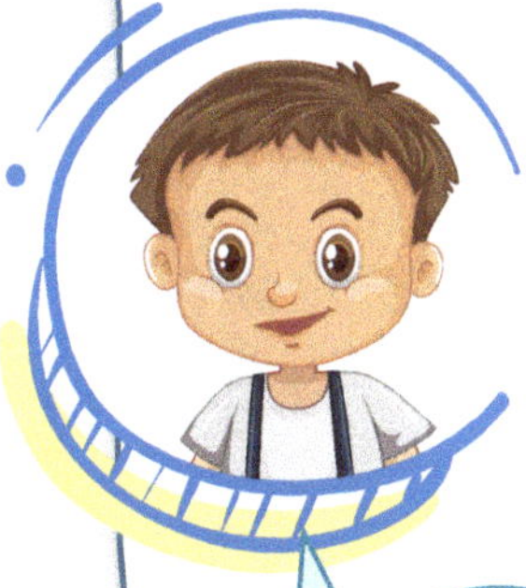

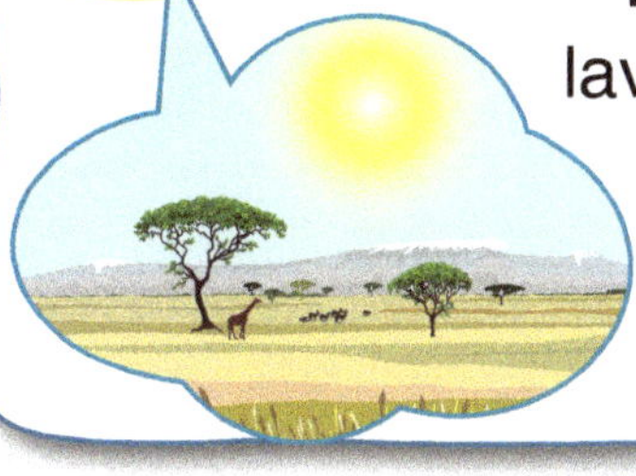

Čuo sam da si prošle godine bila u Africi?

Da, Afrika je veoma lijep kontinent.

Jesi li vidjela neke od njihovih divljih životinja?

Bili smo na safariju i vidjela sam lavove, tigrove i žirafe. Vidjela sam i jednog slona.

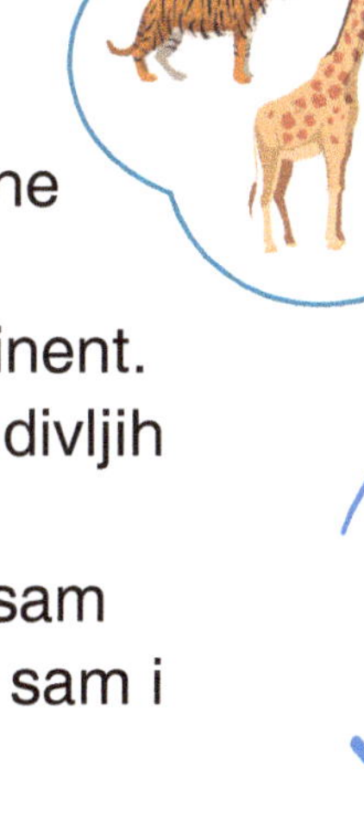

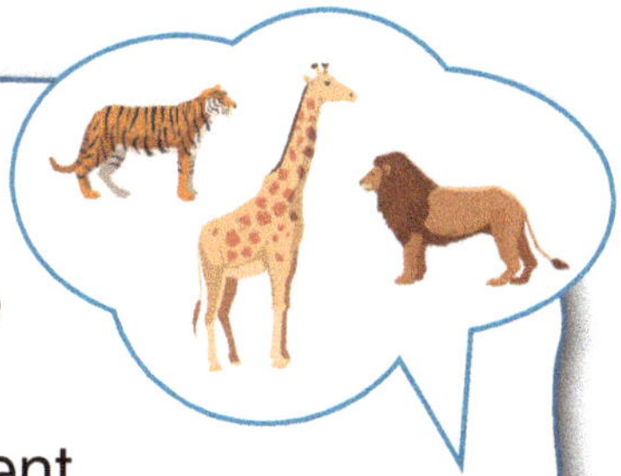

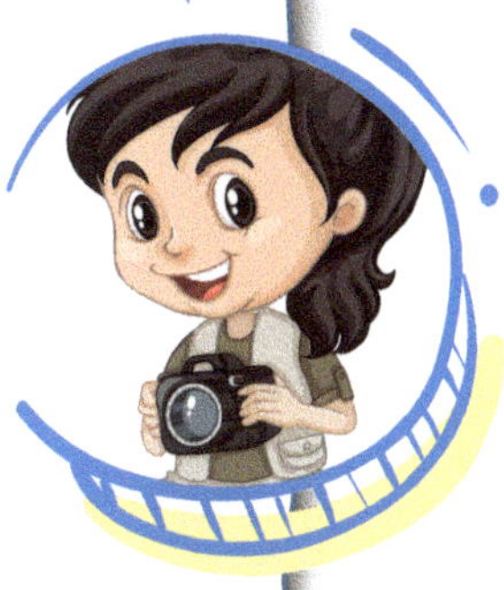

1. Vrabac
2. Golub
3. Orao
4. Jastreb
5. Soko
6. Papagaj
7. Vrana
8. Svraka
9. Roda

1. Sova
2. Labud
3. Gnijezdo
4. Jaje
5. Krila
6. Kljun
7. Paun
8. Lastavica

Juče sam našao gnijezdo od ptice.
Da li je u njemu bilo jaja?
Jeste, bilo je troje malih jaja.
Šta misliš, od koje ptice je gnijezdo?
Mislim da je od sove ili jastreba.

Molim Vas, gdje je_______________?

Gdje mogu naći_______________?

Možete li mi pomoći?

Kako se kaže na bosanskom
jeziku_____________?

Možete li, molim Vas, to ponoviti?

Molim Vas, govorite sporije.

Nisam (Vas) dobro čuo.

Ne razumijem šta kažete / kažeš.

Govorite li / govoriš li
________________ jezik?

1. Imati
2. Nemati
3. Reći
4. Govoriti
5. Obući
6. Raditi
7. Pisati
8. Čitati
9. Kuhati
10. Gledati
11. Vidjeti
12. Slušati

On/ona govori, ima, radi, čita,
kuha, gleda, sluša.
On/ona oblači, piše, vidi.
Ona dobro govori bosanski jezik.
On čita knjigu a ona čita novine.

1. Čuti	6. Smijati se	11. Stajati
2. Igrati	7. Obući (se)	12. Spavati
3. Razgovarati	8. Ustati	13. Sanjati
4. Dati	9. Ležati	14. Ući
5. Dodati	10. Sjediti	15. Izaći

1. Podići	5. Doći	9. Jesti
2. Spustiti	6. Otići	10. Piti
3. Prati	7. Znati	11. Izabrati
4. Učiti	8. Željeti	12. Napraviti

Ja podižem, spuštam, pratim, učim,
dolazim, odlazim, znam, želim,
jedem, pijem, izabirem, napravim.
On podiže, spušta, prati, uči, dolazi,
zna, želi, jede, pije, izabire.

Veći gradovi i mjesta u Bosni i Hercegovini

1. Glavni grad: Sarajevo
2. Banja Luka
3. Bihać
4. Bijeljina
5. Cazin
6. Doboj
7. Fojnica
8. Goražde
9. Mostar
10. Neum
11. Prijedor
12. Srebrenica
13. Trebinje
14. Tuzla
15. Zenica
16. Zvornik

Veće rijeke u Bosni i Hercegovini

1. Bosna
2. Drina
3. Lašva
4. Neretva
5. Pliva
6. Sana
7. Sava
8. Una
9. Vrbas

Jeste li išli ove godine u Bosnu?
Jesmo, posjetili smo Tuzlu i Srebrenicu, a
bili smo i u Bihaću i Mostaru.
Da li ste išli u Sarajevo?
Da, tu smo sletjeli. Ostali smo dvije noći.
Obišli smo vrelo rijeke Bosne i pojeli
ćevape na Baščaršiji.
Mi smo bili na rijeci Neretvi i Uni.

 ______________

 ______________

 ______________

 ______________

 ______________

 ______________

 ______________

 ______________

 ______________

 ______________

 ______________

 ______________

 ______________

 ______________

 ______________

 ______________

 ______________

 ______________

 ______________

 ______________

 ______________

 ______________

 ______________

 ______________

 ______________

 ______________

 ______________

 ______________

 ______________

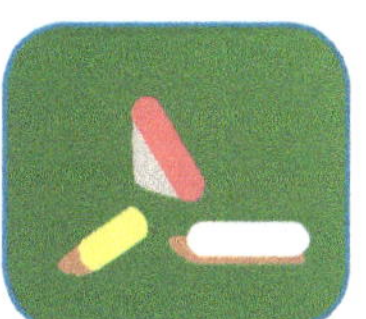 ______________

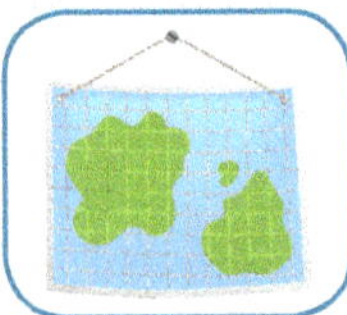

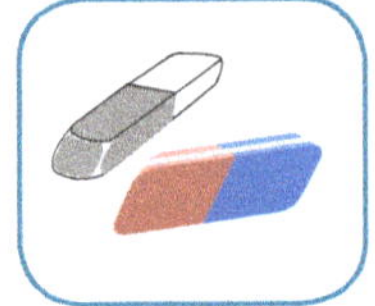

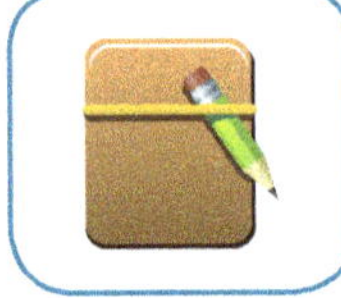

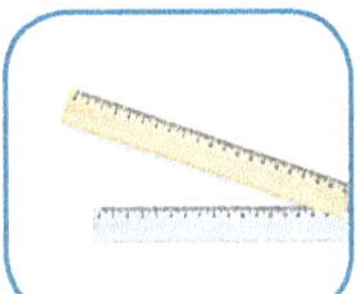

 ________  ________  ________

 ________  ________  ________

 ________  ________  ________

 ________  ________  ________

 ________  ________  ________

 ________  ________  ________

 ________  ________  ________

 ________  ________  ________

 ________ 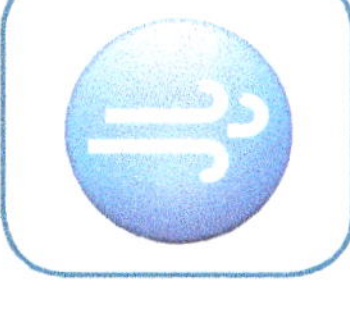 ________  ________

 ________  ________  ________

 	10	20
	11	30
	12	40
	13	50
	14	60
	15	70
	16	80
	17	90
 	18	100
	19	200

300 _______

400 _______

500 _______

600 _______

700 _______

800 _______

900 _______

1000

1,000,000

1. _______

2. _______

3. _______

4. _______

5. _______

6. _______

7. _______

8. _______

9. _______

10. _______

11. _______

12. _______

13. _______

14. _______

 _______

 _______

 _______

 _______

 _______

7. _______

600 _______

 __________

 __________

 __________

 __________

 __________

 __________

 __________

 __________

 __________

 __________

 __________

 __________

 __________

 __________

 __________

 __________

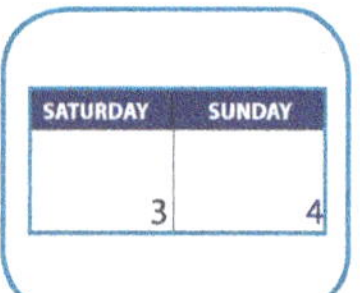 __________

 __________

 __________

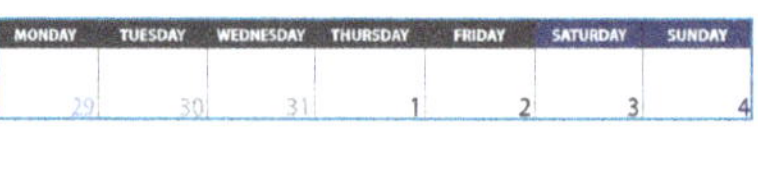 __________

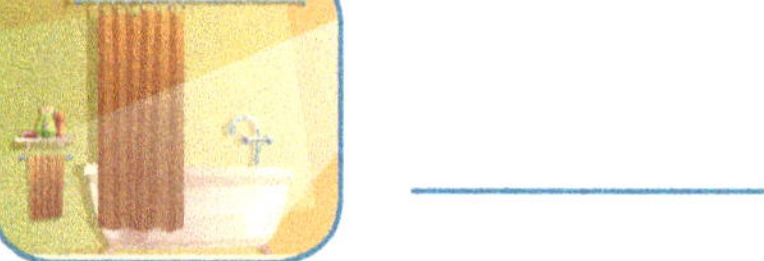 __________

 __________

 __________

 __________

 __________

 __________

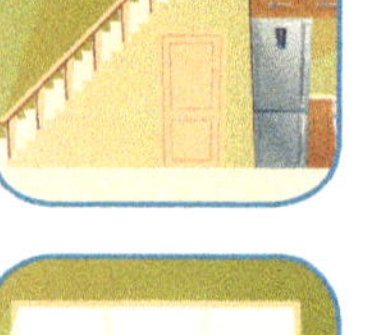 __________

 __________

 __________

 __________

 __________

 __________

 __________

 __________

 __________

 __________

 __________

 __________

 __________

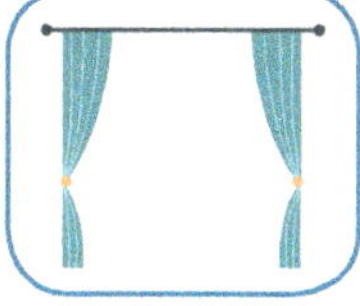 __________

 __________

 __________

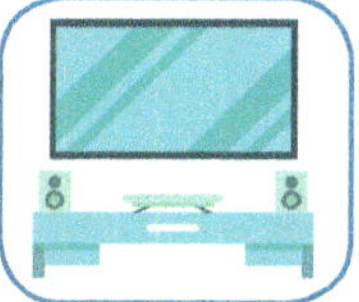 __________

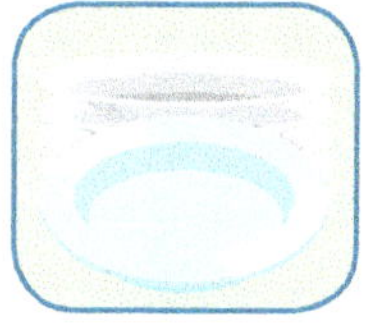 __________

 __________

 __________

 __________

 __________

 __________

 __________

 __________

 __________

 __________

 __________

 __________

 __________

 __________

 __________

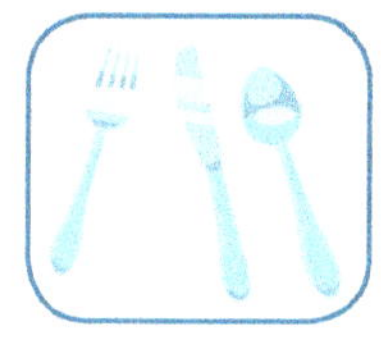 __________

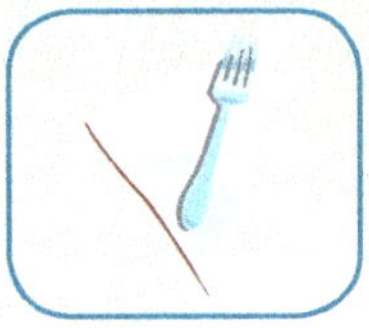

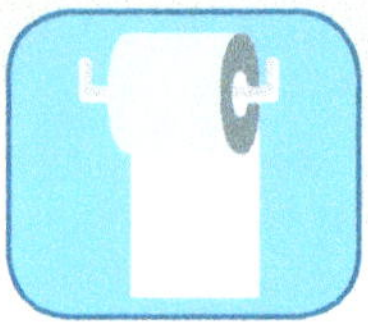

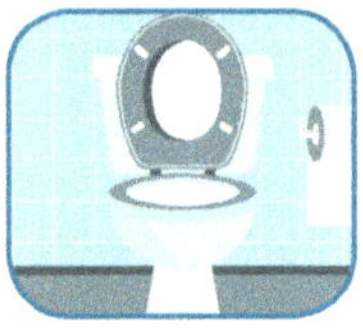

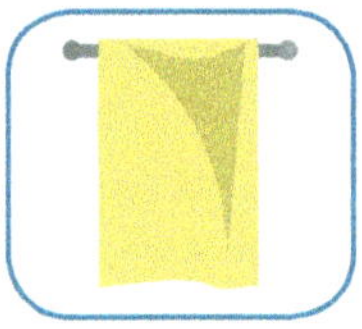

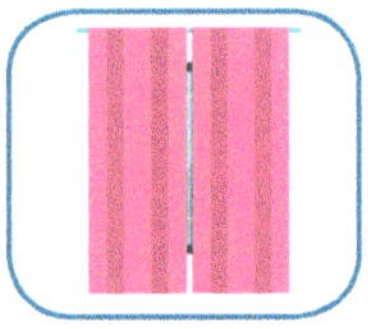

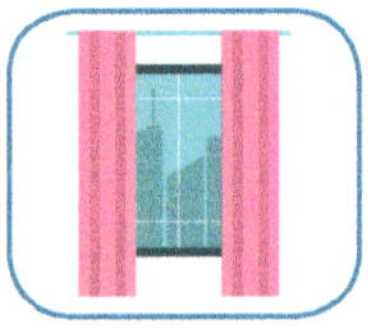

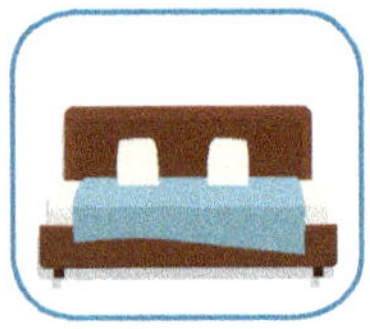

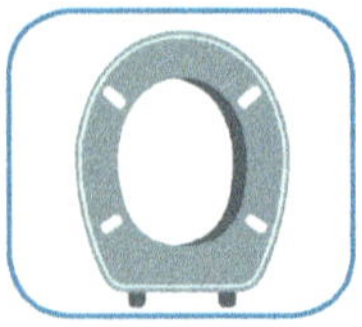

 __________

 __________

 __________

  __________

 __________

 __________

 __________

 __________

 __________

 __________

 __________

 __________

 __________

 __________

 __________

 __________

 __________

 __________

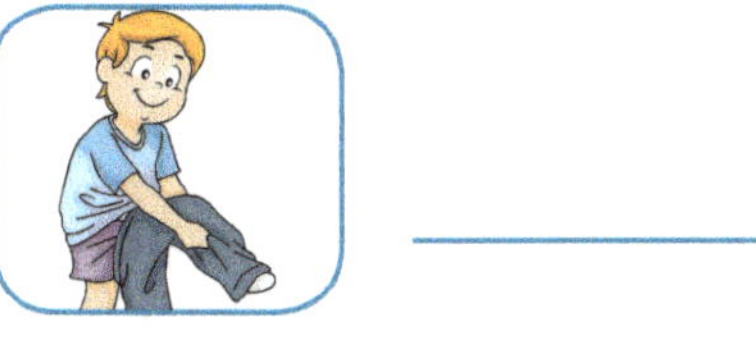 __________

 __________

 __________

 __________

 __________

 __________

 __________

 __________

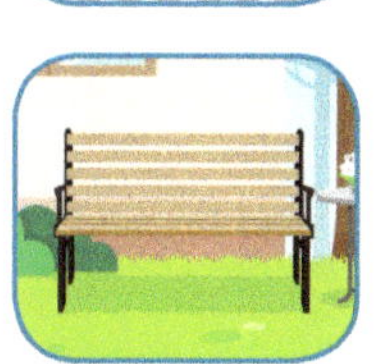 __________

 __________

 __________

 __________

 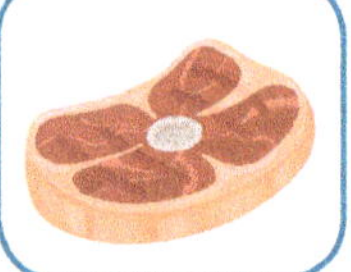 

 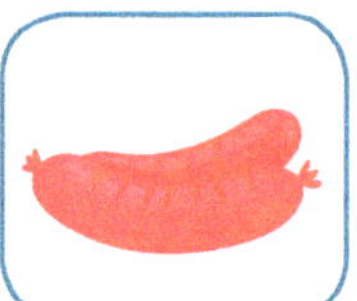 

 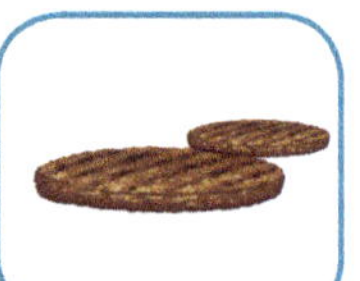 

 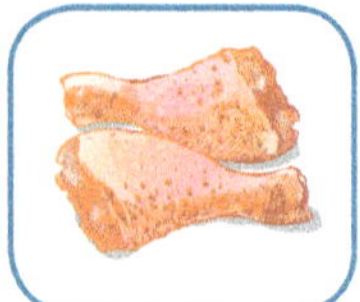

 __________

 __________

 __________

 __________

 __________

 __________

 __________

 __________

 __________

 __________

 __________

 __________

 __________

 __________

 __________

 __________

 __________

 __________

 __________

 __________

 __________

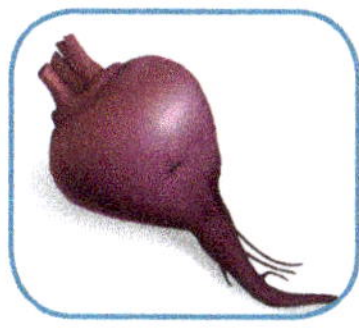 __________

 __________

 __________

 __________

 __________

 __________

 __________

 __________

 __________

 __________

 __________

 __________

 __________

 __________

 __________

 __________

 __________

 __________

 __________

 __________

 __________

 __________

 __________

 __________

 __________

 __________

 __________

 __________

 __________

 __________

 __________

 __________

 __________

 __________

 __________

 __________

 __________

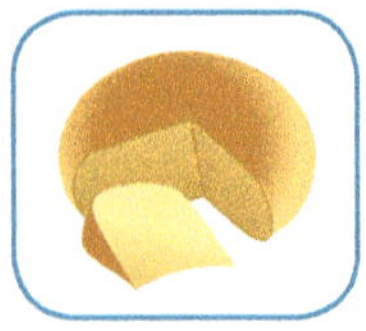 __________

 __________

 __________

 __________

 __________

 __________

 __________

 __________

 __________

 __________

 __________

 __________

 __________

 __________

 __________

 __________

 __________

 __________

 __________

 __________

 __________

 __________

 __________

 __________

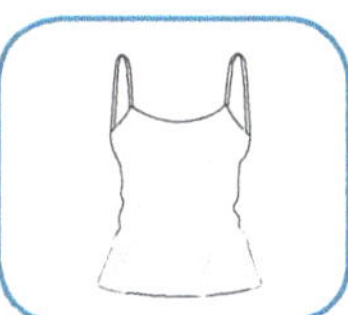 __________

 __________

 __________

 __________

 __________

 __________

 __________

 __________

SHOPPING CENTER

B

JUST NOW!
SUPER
SALE
50%

50%

$ 8.99
only!

$ 20

3. CONSECTETUR   233.00
4. ADIPISCING ELIT   86.94
5. SED DO EIUSMOD   57.34
6. TEMPOR INCIDI   93.23
7. DUNT UT LABORE 8.   78.36
ET DOLORE   64.45
9. MAGNA ALIQUA UT   23.99

TAX $9.44
TOTAL $ 664,99

 _______________

 _______________

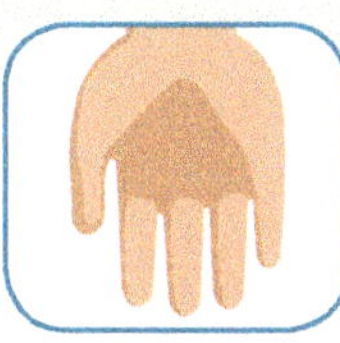 _______________

 _______________

 _______________

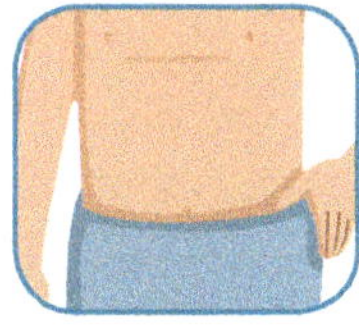 _______________

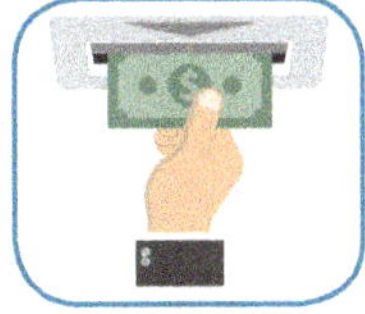 _______________

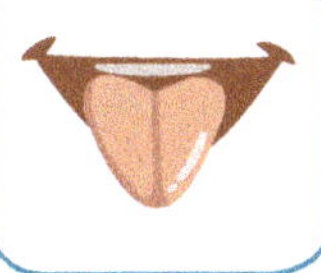 _______________

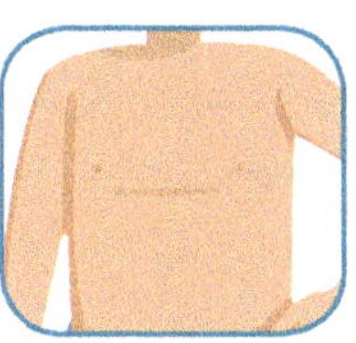 _______________

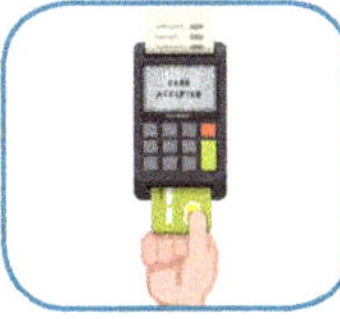 _______________

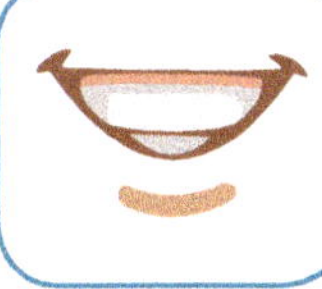 _______________

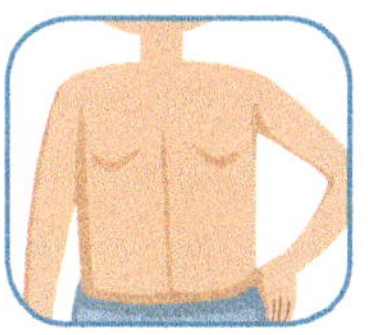 _______________

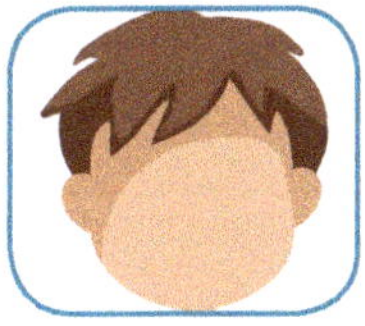 _______________

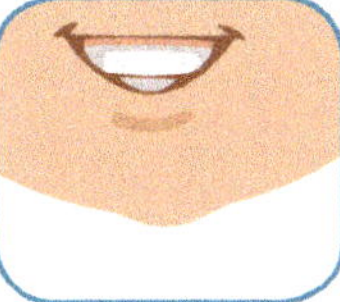 _______________

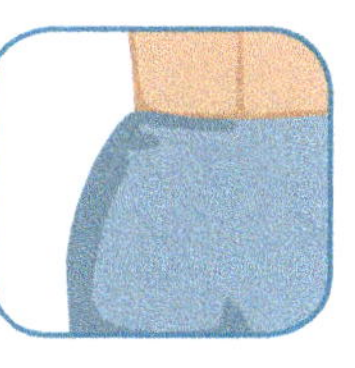 _______________

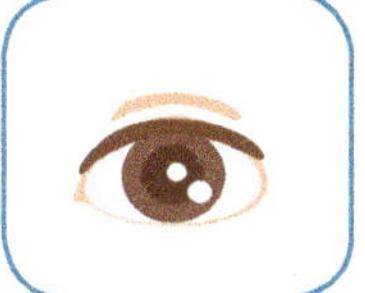 _______________

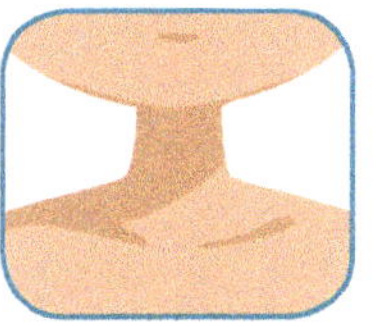 _______________

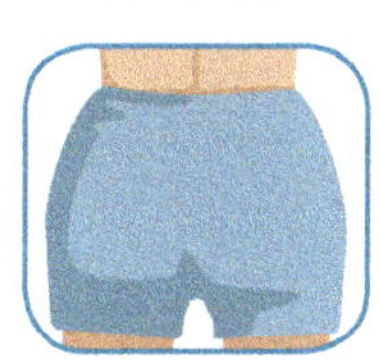 _______________

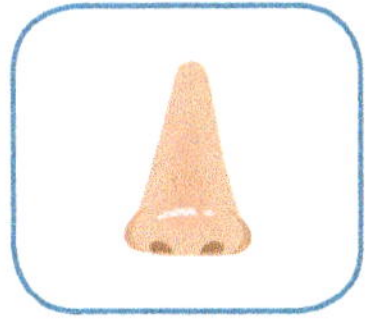 _______________

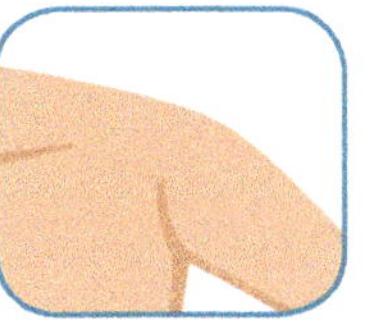 _______________

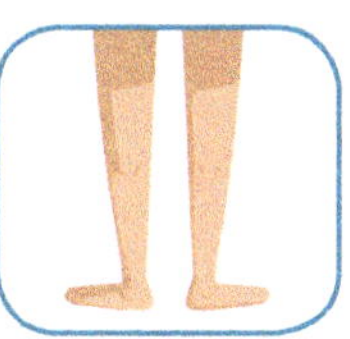 _______________

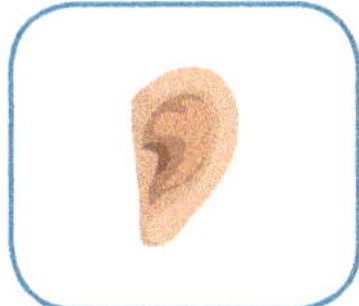 _______________

 _______________

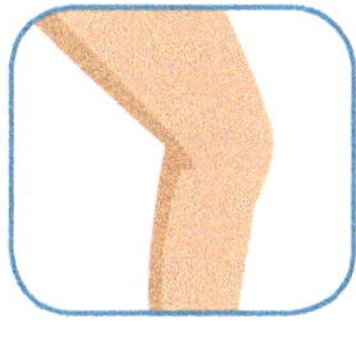 _______________

 _______________

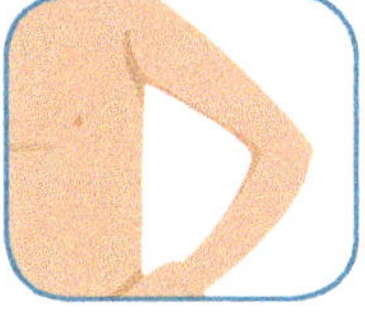 _______________

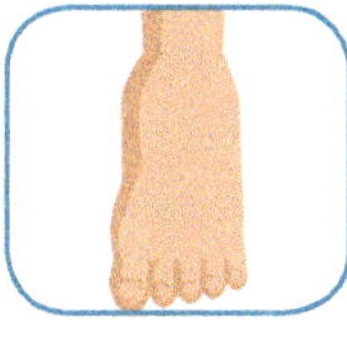 _______________

 _______________

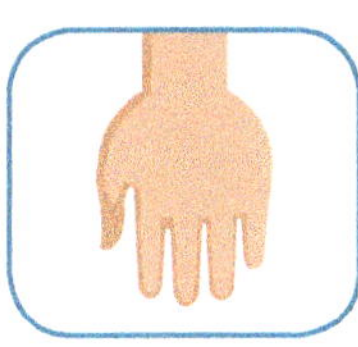 _______________

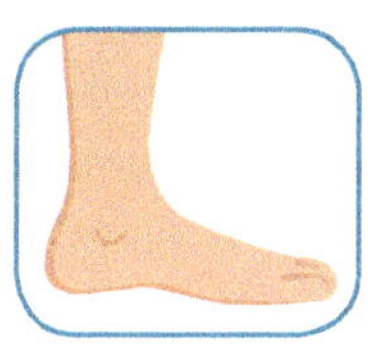 _______________

  ____________

 ____________

 ____________

 ____________

 ____________

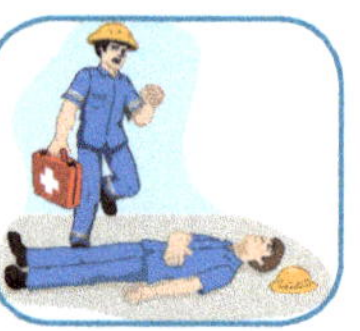 ____________

 ____________

 ____________

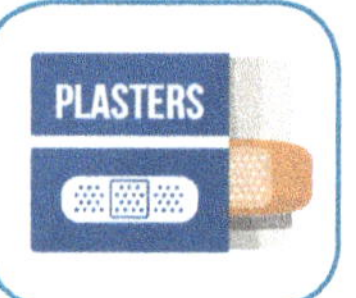  ____________

 ____________

 ____________

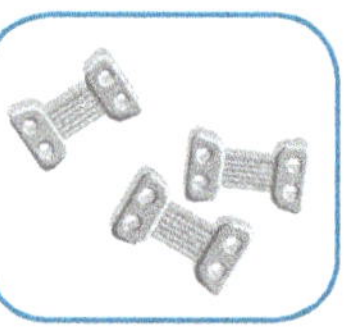 ____________

 ____________

 ____________

  ____________

  ____________

 ____________

 ____________

  ____________

 ____________

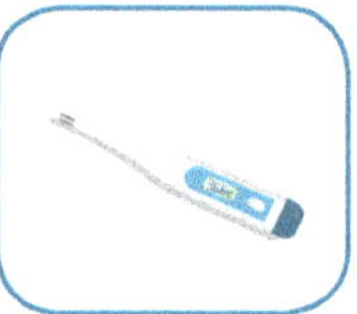  ____________

  ____________

 ____________

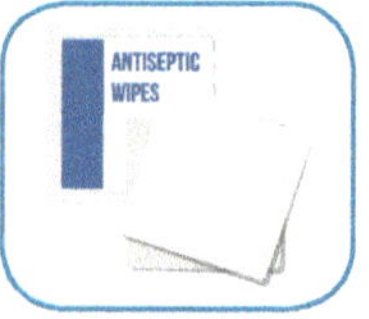 ____________

  ____________

 ____________

 ____________

  ____________

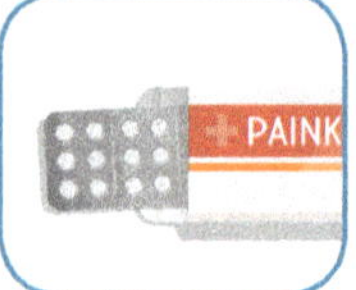 ____________

 ____________

 ___________

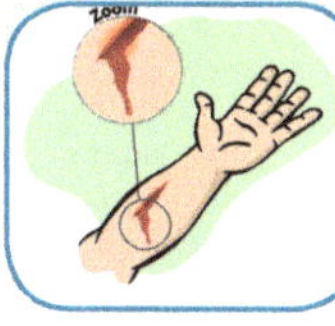 ___________

 ___________

 ___________

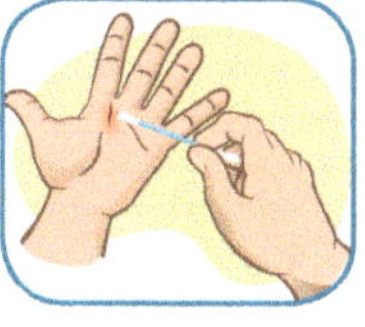 ___________

 ___________

 ___________

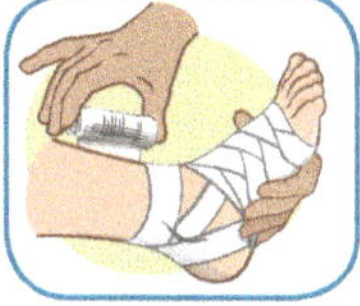 ___________

 ___________

 ___________

 ___________

 ___________

 ___________

 ___________

 ___________

 ___________

 ___________

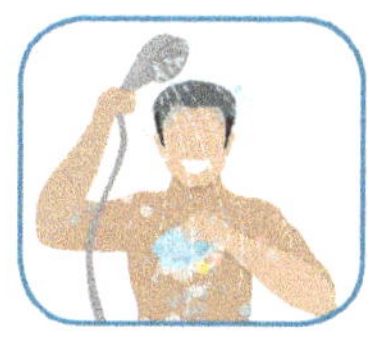 ___________

 ___________

 ___________

 ___________

 ___________

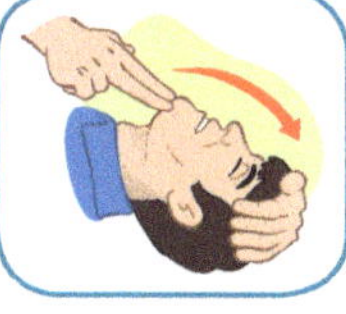 ___________

 ___________

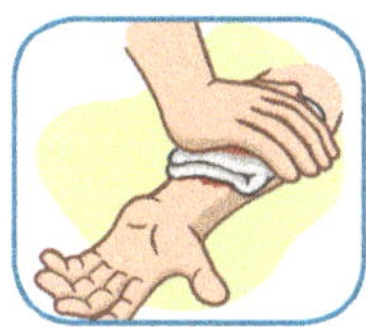 ___________

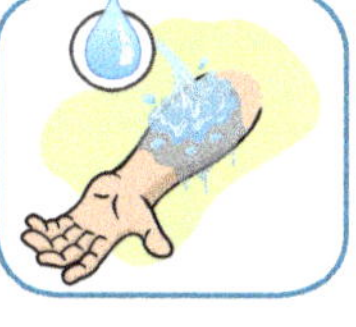 ___________

 ___________

 ___________

 ___________

 ___________

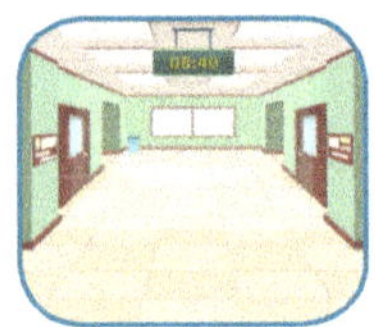

 __________

 __________

 __________

 __________

 __________

 __________

 __________

 __________

 __________

 __________

 __________

 __________

 __________

 __________

 __________

 __________

 __________

 __________

 __________

 __________

 __________

 __________

 __________

 __________

 __________

 __________

 __________

 __________

 __________

  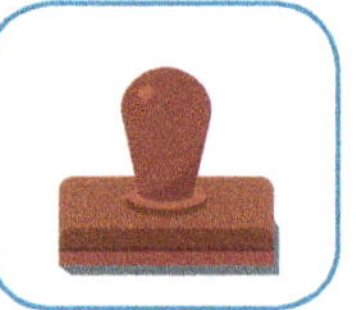

  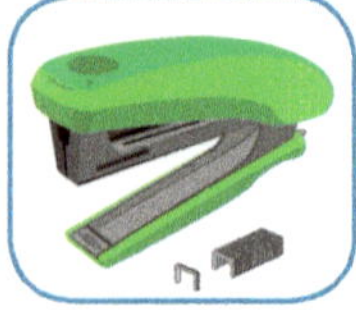 

GLUE

 ____________

 ____________

 ____________

 ____________

 ____________

 ____________

 ____________

 ____________

 ____________

 ____________

Departures
Arrivals

 ____________

 ____________

 ____________

 ____________

 ____________

 ____________

 ____________

 ____________

 ____________

 ____________

 ____________

 ____________

 ____________

 ____________

 ____________

 ____________

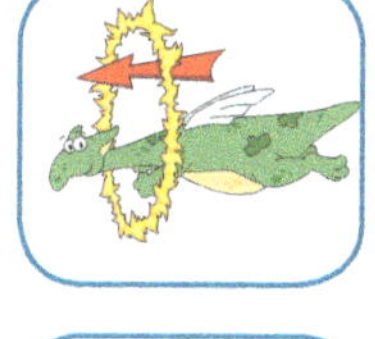 ____________

 ____________

 ____________

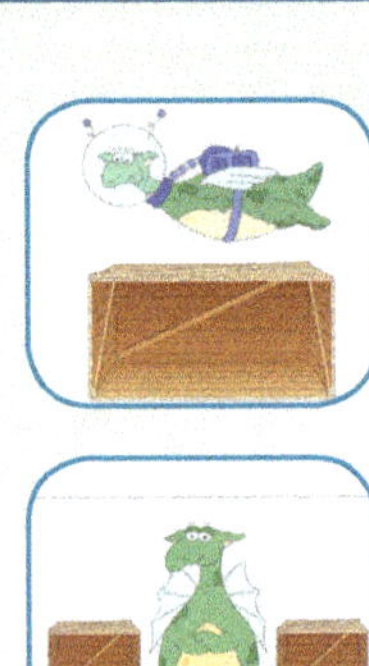 _______

 _______

 _______

 _______

 _______

 _______

 _______

 _______

 _______

 _______

 _______

 _______

 _______

 _______

 _______

  _______

  _______

 _______

  _______

 _______

 _______

  _______

  _______

 _______

  _______

  _______

 _______

 _______

 _______

  _______

 _______

 __________

 __________

 __________

 __________

 __________

 __________

 __________

 __________

 __________

 __________

 __________

 __________

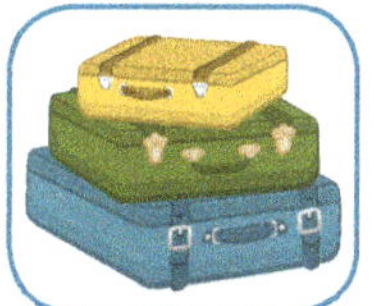 __________

 __________

 __________

 __________

 __________

 __________

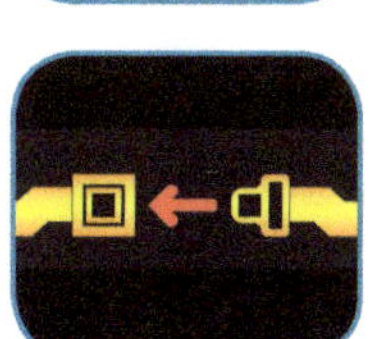 __________

 __________

 __________

 __________

 __________

 __________

 __________

 __________

 __________

 __________

 __________

 __________

 __________

 __________

 __________

 __________

 __________

 __________

 __________

 __________

 __________

 __________

 __________

 __________

 __________

 __________

 __________

 __________

 __________

 __________

 __________

 __________

 __________

 __________

 __________

 __________

 __________

 __________

 __________

 __________

 __________

 __________

 __________

 __________

 __________

 __________

 __________

 __________

 __________

 __________

 __________

 __________

 __________

 __________

 __________

 __________

 __________

 __________

 __________

 __________

 __________

 __________

 __________

 __________

 __________

 __________

 __________

 __________

 __________

 __________

 __________

 __________

 __________

 __________

 __________

 __________

 __________

 __________

 __________

 __________

 __________

 __________

 __________

 __________

 __________

 __________

 __________

 __________

 __________

 __________

 __________

 __________

 __________

 __________

 __________

 __________

 __________

 ____________

 ____________

 ____________

 ____________

 ____________

 ____________

 ____________

 ____________

 ____________

 ____________

 ____________

 ____________

 ____________

 ____________

 ____________

 ____________

 ____________

 ____________

 ____________

 ____________

 ____________

 ____________

 ____________

 ____________

 __________
 __________
 __________

 __________
 __________
 __________

 __________
 __________
 __________

 __________
 __________
 __________

 __________
 __________
 __________

 __________
 __________
 __________

 __________
 __________
 __________

 __________
 __________
 __________

 __________
 __________
 __________

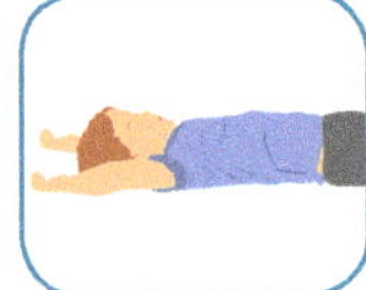 __________
 __________